口絵 1　縦にひだの入ったドーム。グリ・アミール廟。

口絵 2　ネギ坊主型のドーム。シャヒ・ズインダ廟群。

口絵3　19世紀末ころのウズベキスタンの農村風景画（作者不詳）。道路の端をひっそりと歩く黒いチャチヴァンで顔をかくし頭からすっぽりと青いパランジをかぶった女性に注目してください。タシケントのウズベキスタン美術館蔵。

口絵4 「ナボイ劇場」で活躍する女性指揮者。ファンから贈られたバラの花束を手にし、スコア〈この日の演目は『道化師』〉を小脇に抱えている。

口絵5　トマトやキュウリなどのサラダ。

口絵６　サマルカンドに導入されたチェコ製新型の路面電車。

口絵７　手前のアフラシアブ遺跡から修復されたビビ・ハヌム・モスクを望む。

口絵８　シャヒ・ズインダ廟群のタイル装飾。

口絵９　小野光子著『回想　音楽の街　私のモスクワ』朔北社《さくほくしゃ》。

口絵 10　サマルカンドのレギスタン広場。正面の建物はティラカリ・マドラサ。今夜は 2 年に 1 度の「東洋音楽祭〈シャルク・タロナラル〉」が開催されるので夕方から大勢の観客がつめかけている。2015 年 10 月、日本から出場した長唄の吉住《よしずみ》小《こ》三《さ》夜《よ》社中が優勝した。

口絵 11　フェルガナ地方で「女性解放運動」の宣伝中のハムザ〈中央〉は、激高した群衆により 1929 年 5 月惨殺された。フェルガナ地方のハムザ博物館蔵。

口絵 12　国立大学の入学試験を心配してかけつけた家族や親族。サマルカンドにて。

口絵 13　涼しい大きなブドウ棚の木陰げで元気に遊ぶサマルカンドのこどもたち。エアコンの効いた室内でテレビゲームに興じる日本のこどもたちとどちらが幸せか考えさせられた。

口絵 14　聖者の廟でお祈りする人々。

口絵 15　『冬』という題名の絵画（作者未詳）タシケントのウズベキスタン美術館蔵。

口絵 16　崩壊したビビ・ハヌム・モスク。手前は家畜バザール。19 世紀。サマルカンド郷土史博物館蔵。

口絵 17　修復されたビビ・ハヌム・モスク。

口絵 18　ティムールの姿が入った 500 スム札。

口絵 19　「ナボイ劇場」ロビー。壁や天井の彫刻そしてシャンデリアに注目してください。主に日本兵捕虜の手作業です。奥はカフェテリア。写り込んでいる「2003 年 4 月 3 日」は、タシケント空港に 2 日前に出迎えに来てくれたママトクロヴア・ニルファルさんと「ナボイ劇場」で初めてヴェルディ作曲『トラビアタ』（ロシア語表記。日本語表記『椿姫』）を観た記念すべき日。

口絵 20　フェルガナ地方の街マルギランは、ウズベキスタンきってのシルクの産地。軽くてかさばった荷物にならないのでお土産にオススメします。

口絵 21　著者が東京の自宅に飾った愛蔵の油絵『バラ』。ウズベク人の画家アナーニンの 1997 年の作品。テーブルクロス、陶器、壁かけはすべてウズベク伝統のデザイン。

ウズベキスタン「ナボイ劇場」建設の真実

続・シルクロードの〈青の都〉に暮らす

胡口靖夫
Koguchi Yasuo

同時代社

本書を、故日高普先生と義祖母の故イスマイーロヴァ・ナズミエに捧げる

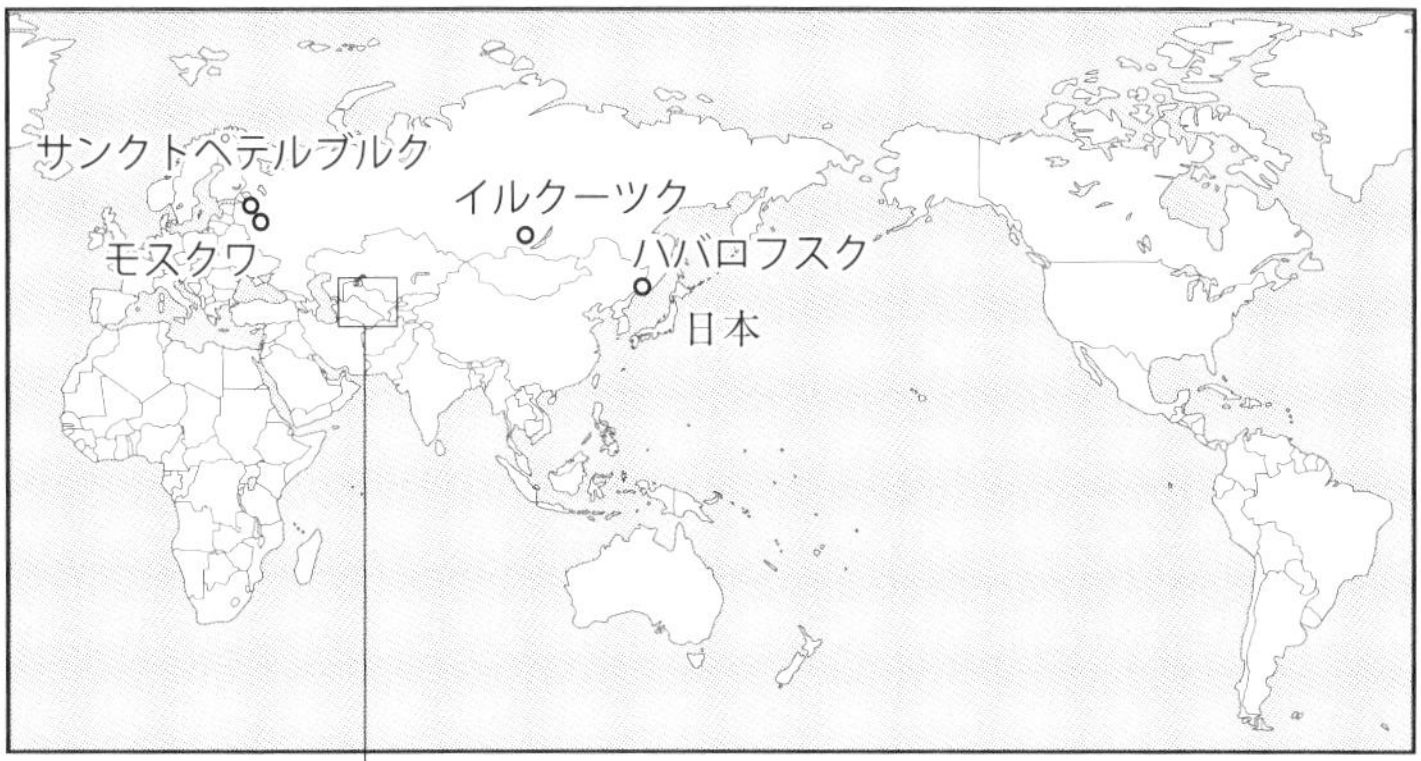
サンクトペテルブルク
イルクーツク
モスクワ
ハバロフスク
日本

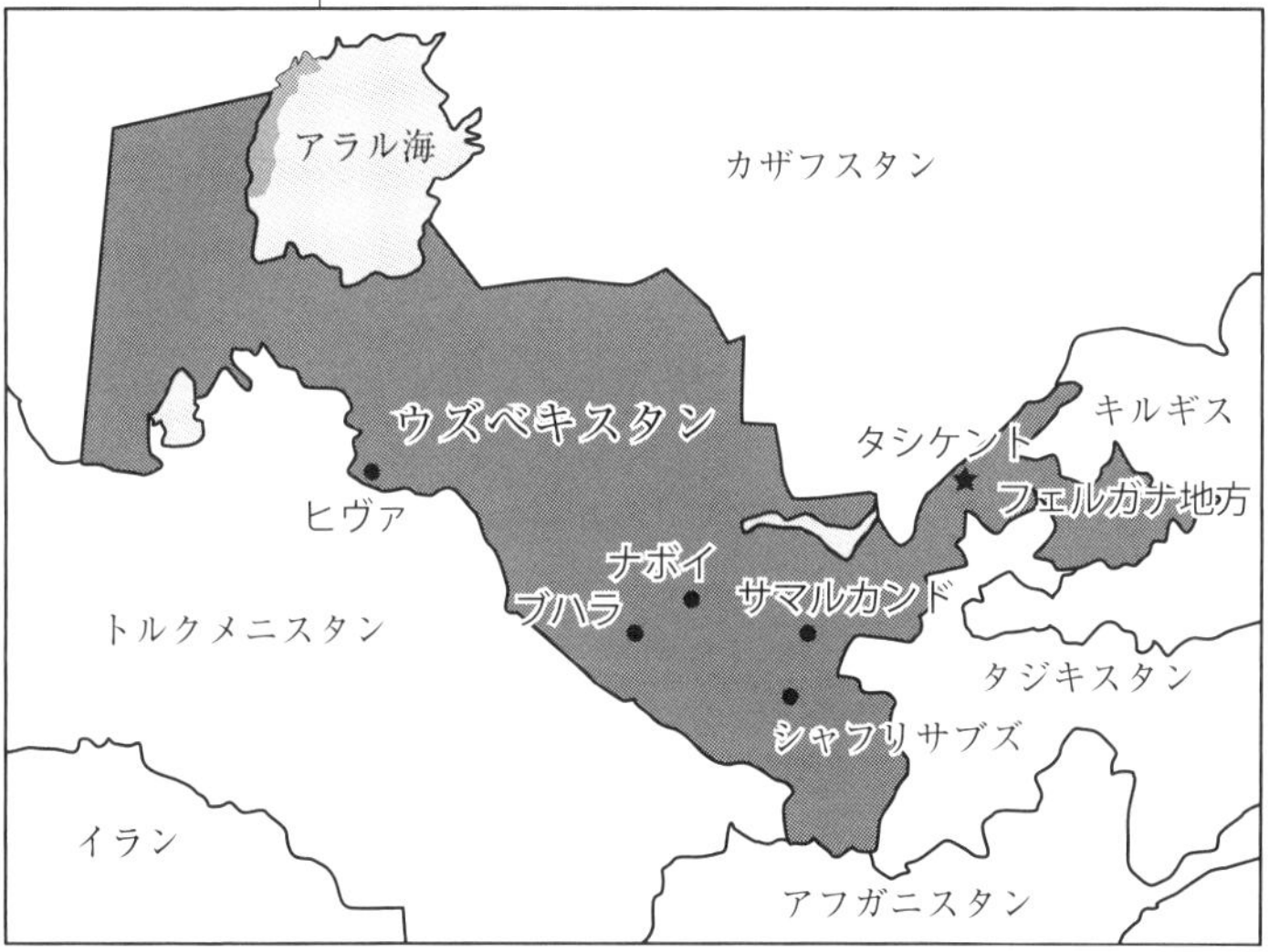
アラル海
カザフスタン
ウズベキスタン
タシケント
キルギス
フェルガナ地方
ヒヴァ
ナボイ
ブハラ
サマルカンド
トルクメニスタン
タジキスタン
シャフリサブズ
イラン
アフガニスタン

目次

※　写真は撮影者名・提供者名や出典名を明記したもの以外は著者の撮影による。
表紙は「ナボイ劇場」の正面写真。裏表紙は「ナボイ劇場」の正面入口前の歩廊写真。

〔凡例〕

Ⅰ、本書は、「本文」・「付論」（本文に隣接するテーマを論じたもの）」・「資料（本文の参考になる他者の記述）」・「コラム」などからなる。

Ⅱ、頻出する書名は、つぎの通り略称を用いた。

＊『〈青の都〉』：拙著『シルクロードの〈青の都〉に暮らす』（同時代社、２００９年）

＊『ウズベキスタン』：拙著『ウズベキスタンと現代の日本』（同時代社、２０１６年）

＊『追憶』：嶌信彦他編『追憶　ナボイ劇場建設の記録――シルクロードに生まれた日本人伝説――』（日本ウズベキスタン協会、２００４年）

＊『オペラハウスを建てた』：嶌信彦著『日本兵捕虜はシルクロードにオペラハウスを建てた』（角川書店、２０１５年）

＊『中央ユーラシア』：小松久男他編『中央ユーラシアを知る事典』（平凡社、２００５年）

＊『60章』：帯谷知可編著『ウズベキスタンを知るための60章』（明石書店、２０１８年）

Ⅲ、本文中で資料や証言を参考にする際、可能な限り原文を尊重したが、最小限の誤記の訂正・加筆（カッコで明示した）・削除〈（中略）や（以下略）で表示した〉をして引用した。漢字には適宜ルビをつけた。また、各証言間で相違があった場合はそのままとした。

Ⅳ、人名や地名などの表記、例えば「ナボイ」・「ナヴォイ」・「ナヴァーイ」、「A・シューセフ」・「A・シチューセフ」、「ヒワ」・「ヒヴァ」、「イスラム」・「イスラーム」、「スンニ派」・「スンナ派」、「第四ラーゲリ」・「第四ラーゲル会」などは統一せず原文の表記を尊重した。

Ⅴ、数字の表記は、原則的に算用数字を用いたが、証言などでは原文どおり漢数字としたところもある。また原文に明記されているもの以外は元号を使用せず西暦のみとした。

まえがき

　本書『ウズベキスタン「ナボイ劇場」建設の真実―続・シルクロードの〈青の都〉に暮らす―』は、拙著1冊目の『シルクロードの〈青の都〉に暮らす』（同時代社、2009年）、そして2冊目の『ウズベキスタンと現代の日本』（同社、2016年）に続くウズベキスタンシリーズ3冊目となる〈全3部〉作の完結編である。

　実は1冊目を書いた時、〈全3部〉作になるとはまったく思ってもいなかった。1冊でお仕舞い。これでよかったのである。1冊、本が世の中に出たということは望外の幸せで、それで十分であった。

　1冊目の「まえがき」の冒頭に「ウズベキスタンには不思議な魅力がある」と書いた。そして勤務校のサマルカンド国立外国語大学（以下サ外大と略す）日本語コース（現在は日本語学科）出身の国費留学生であったママトクロヴァ・ニルファルさん、アリポヴァ・カモラさん、ベクマトフ・アリシェル君たちから「先生！　どうして日本人は、私たちの国・ウズベキスタンを全然知らないのですか？」という質問（やや詰問的）に触発され、少しでも多くの人に知ってもらいたいと考えて懸命に執筆した。

最近はテレビ番組や映画でウズベキスタンが取り上げられ知名度が上がり、日本人観光客も増加傾向にある。ただ当時は、たしかに日本人はほとんどウズベキスタンのことを知らなかったと思う。幸い類書がないので、上梓した年末に「日本図書館協会選定図書」となり、現在品切れとなったという。知己の話によるとネット上の古書店でも払底していて入手できなかったそうである。著者としては至上の喜びである。

1冊目で完了と思っていたので、同時代社に入稿する際、あれもこれもと欲張った。それを創業者の故川上徹氏が、バッサリと整理してスリムな本に仕立てて下さったのは、今となっては良き思い出である。

2冊目の読後感想文として嬉しかったのは、教え子で現在サ外大日本語学科の中心的なウズベク人日本語教師であるアチロワ・オゾダさんから2016年8月に次のようなメールをもらったことである。長いがそのまま引用したい。なお、メールは、眼を痛めているので実弟胡口昭に読んでもらい、返信は口述筆記で彼に頼んでいる。

「今夏里帰りした奥様のバルノさんが届けてくださった胡口先生が書かれた2冊目の本、素晴らしいですね。わかりやすく、面白いです。偶然その本の中に私が写っている昔の写真が、64頁に出てきてびっくりしました。私自身は日本にまだ行けなくても名前がそちらで出ているとのこと嬉しくなりました。全部事実が書いてある本ですのでお世辞ではありませんよ。日本からサマルカンドに来られて、私がガイドをした観光客の何人かの人が、先生の本を読んでウズベキスタンに来たと言っていました。先生のこれからのご活躍の成功を心からお祈り申し上げます」。

また東京外国語大学名誉教授の上岡弘二先生から2016年3月8日付のお手紙で「著者の自叙伝の趣があり、楽しく拝読しました。これからこそホモ・ルーデンスの本領を発揮され、『終章　のちの思いに』の続編、続々編がこれから拝読できることを期待しております」という身に余るお言葉を頂戴した。本書は、オゾダさんからもらったメールや上岡先生のお手紙などによって発憤して書いたものである。

そして〈全3部〉作に発展した最大の功労者は、皮肉にも私が批判している日本ウズベキスタン協会の会長でジャーナリストを「自称」しておられる嶌信彦氏である。氏は永年「ナボイ劇場」の建設について〝日本人伝説〟を主張している。それについては「ナボイ劇場」建設ににかかわった日本人捕虜20人の記録を自らが編集・発行した日本側の〈一次資料〉の「まえがき」で次のように述べている。「現ウズベキスタン共和国の首都タシケント市に建つナボイ劇場は、旧ソ連抑留者のうち、タシケントまで強制連行された日本人捕虜約四五〇人の手によって建設され、一九四七年に完成した。（中略）一九六〇年代の大地震の際、他の多くの公共建築物が倒壊したにもかかわらず、ナボイ劇場だけはビクともしなかったため、これを建設した日本人の働きぶりがいつしか〝伝説〟となり、ウズベキスタンが日本に敬意を持つ大きな背景となった」（『追憶』5頁。傍点は著者）と主唱している。これに対して著者は、この嶌氏が命名した〝シルクロードに生まれた日本人伝説〟の虚構性を前著2冊において嶌氏と同じ資料を詳細に解読し、さらにウズベク人歴史学者の文献によって批判してきた。今回はウズベキスタン側の〈一次資料〉を調査して、公平に客観的に照合することで、歴史の〝真実〟に迫り、明日に活かしたいと考えたのである。ウズベキスタン側の〈一次資料〉の調査は、後述するように難渋した。

その後嶌氏は『オペラハウスを建てた』を出版され、彼らが居住した「第四収容所」が〝極楽収容所〟であった（嶌氏の自筆署名入りのWEB上の宣伝文）と述べている。これ自体虚論であるが、ここでも〝日本人伝説〟を強弁している。同書の書評の極めつけは『読売新聞』の特別編集委員・橋本五郎氏によるものである。同紙2016年1月10日付の書評欄で氏は「この書を読んでいると、日本人が真から誇らしくなる」と述べて諸手《もろて》を挙げて絶賛している。

さらに元駐ウズベキスタン日本大使の某女性国会議員は、ある時都内の講演で「著者胡口の言っていることは正しいかもしれない。しかし彼は自虐思想の持ち主である」と述べたと友人から聞かされた。この中傷は、日本文化の伝統保守主義者を自認している著者の闘争心に火を点じたのである。

著者は60年以上昔の中学生時代から単独で奈良の古寺巡礼をしばしばしてきた。高度成長期以前の古都奈良はいつ行っても静寂でとてもよかったと思う。ある年の大晦日に国鉄（現JR）の法隆寺駅から早朝の松並木の道をてくてく歩いて、現存する世界最古の木造建築であるとされる法隆寺を参拝した時は、境内に誰１人いなかった。心ゆくまで自由に見学することができた。その後斑鳩《いかるが》の中宮寺・法起《ほっき》寺・法輪寺など聖徳太子ゆかりの有名な古刹《こさつ》をゆっくり拝観して、夜のＳＬ急行列車「大和」で元日早天に帰京した。生涯忘れることのできない一人旅であった。

私は「某女性国会議員が、現在の日本が米国に完全に従属して何も言えない『異様なる隷属』（白井聡著『国体論　菊と星条旗』集英社新書、２０１８年。２９１頁）についての発言を聞いたことがない」。その考えを聞いてみたいと思う。彼女に「自虐思想の持ち主」というフレーズを返上したいと考える。著者の座右の銘は、スイスのチューリヒの病院でガンのために客死した洋画家・藤田嗣治《つぐはる》（１８８６〜１９６８）の「私は世界に日本人として生きたいと願う」というものである。

さて本書成立の根本問題である「ナボイ劇場」建設史に関するウズベキスタン側の〈一次資料〉の複写を入手することには悪戦苦闘した。その顛末は、本書所収の「第１章第１節　嶌氏が主唱する〝シルクロードに生まれた日本人伝説〟は時流に迎合した日本人礼讃論である」として書いた。

本書は、嶌氏の本のようにフィクションらしい会話をふんだんに交えたすらすらと読めるドラマティックなものではない。「ナボイ劇場」建設史の〝真実〟を解明する後世に遺る資料的価値の高いものを目標にした。読みにくいと思われる読者には、大変申し訳ないがエネルギーのある間に読んでいただきたいので巻頭に配した次第である。その点まず本書を手にされる読者にお断りしておきたいと思う。

そして、そこから導き出される真実が、たとえ閉塞感を強める現在の日本人に『勇気100%』を出させるものではなくても、それと真摯に向き合っていただきたいと切望してやまない。

大切なことは〝真実〟である。ウズベキスタン共和国・文化スポーツ省、芸術アカデミー発行の情報誌『ECHO OF HISTORY（歴史の反響）』に掲載された公式の「ナボイ劇場」建設史にかかわる論文集によって嶌氏説の虚妄が明らかになったのである。「ナボイ劇場」の建築設計図を多数公開したのも本書が初めてである。また理解を助けるために珍しい写真や絵画を可能な限り掲載することに心をくだいた。

もちろんウズベキスタンを〝第2の祖国〟と考えている著者の愛国心からこの土地と住民とを深く理解し、それを日本の読者に伝えたいという強い欲求が、〈全3部〉作完成の原動力になったことはいうまでもない。本書では、シリーズ初の「ウズベキスタンの歴史の1コマ」・「ウズベキスタンのスポーツ界」・「ウズベキスタンの西洋音楽事情」・「ウズベキスタンを舞台にした日本映画」などについても書いた。なお、本文を読まれる前に〈凡例〉をお読みいただければ幸いである。

群青の空に映えて、青の煉瓦《れんが》のドームが立ち、壁を覆うタイルも蒼く、光彩を放つ〈青の

写真１　完全に崩壊した家『タシケント』より

都〉サマルカンドそしてブハラ・ヒヴァ・シャフリサブズの４つの世界遺産へ一度でもお越し下されば、これに過ぎる喜びはありません。ひとつの時代についての、ささやかではあるけれども裏付けのある筆録として、この本がより多くの人々に読まれることを心から願ってやみません。

なお、ここに１９６６年のタシケント大地震の被害状況をＢ・ゴレンデル著『タシケント』（ＳＭＩアジア社、２０１３年。以下『タシケント』と略す）から紹介したい（写真１）。

第1章

「ナボイ劇場」建設の真実

第1節　嶌信彦氏が主唱する〝シルクロードに生まれた日本人伝説〟は時流に迎合した日本人礼讃論である

ウズベキスタン側の〈一次資料〉の重要性

ジャーナリストの肩書きを持つ嶌信彦氏が主唱する〝シルクロードに生まれた日本人伝説〟については、本書「まえがき」の傍点部分に書いたので省略する。

本シリーズ1冊目の『〈青の都〉』では、嶌氏自らが編集した日本側の〈一次資料〉である歴史的な証言（記録）集である『追憶』を使って虚構性を追求した。

『追憶』について一言書いておきたい。本書の主要部分を構成する「ナボイ劇場」建設に関わった日本人抑留者の証言（記録）について永田行夫隊長（大尉）は、自らが執筆した「総括」において「本書の出版に当たって寄せられた当時の記録を記載する。寄稿者は全部で20名」（『追憶』30頁）と述べている。

「1990年秋田県北鹿新聞に在ソ記録を寄稿しその一部を本書に転載した」（『追憶』31頁）若松律衛氏のもの以外の寄稿文は、永田氏が第4（ラーゲリ）に在籍した日本軍のメンバーに呼びかけたことによって筆を執って書かれたものと推察する。この意味において著者は、この『追憶』を日本側の〈一次資料〉と称する。けれども20名の寄稿者のうち16名は、後述するように旧軍隊意識（―絶対服従・上意下達―）の抜けない永田隊２４０名）の一員であることに注意を喚起したい。資料に大きな片寄りがあること、つまり永田隊長の言動に対する批判的な証言が少ないことを考慮しなければならないと考える。

そして２冊目の『ウズベキスタン』では、『タシケント』の文章を引用してさらに嶌氏の誤謬を明らかにした。

しかし実証主義歴史学研究者のはしくれである著者としては、日本とウズベキスタンの資料を公平に客観的に対照し考察するために、ウズベキスタン側の〈一次資料〉であるタシケントの中央公文書館に保管された「公文書Ｐ－２５０４号」の複写がどうしても入手したかった。嶌氏は日本側の資料のごく一部しか使用せず、しかもその解釈はきわめて独善的であったからである。

ウズベキスタン側の〈一次資料〉を求めて

「シベリア抑留」問題研究の碩学のお一人である富田武成蹊大学名誉教授の著作『シベリア抑留―スターリン独裁下、「収容所群島」の実像』（中公新書、２０１６年。以下『シベリア抑留』

と略す）によると「ソ連崩壊後ロシアでは公文書館の文書閲覧が順次解禁され、ロシア人学者による抑留研究が一連の成果を生み、一部は邦訳された。１９９０年代半ば以降は、公文書館の文書を集めた資料集が逐次刊行されるようになった」（ⅰ頁）という。しかし富田先生が書かれたものによると外国人に対しては、文書閲覧や複写の「壁」は相当に厚いという。

「私（富田）がロシア国立ハバロフスク公文書館で２０１８年に仕事をした時には３日目に警察官に踏み込まれ、観光ビザで公文書館において仕事をしてはならないと罰金を取られて出入り禁止になったため仕事にならなかった」（『抑留研通信』№82、２０１９年４月１日）とある。

また、『読売新聞』２０１６年６月16日付の記事によると「（ソ連邦時代の――著者注）文書を保管するモスクワ郊外のロシア国防省中央公文書館（ＣＡＭＯ）は、軍の機密文書を扱うだけに情報公開には極めて慎重で、外国人は敷地内に入ることさえ容易ではない」という。大きな困難は予想されたがともかく「当たって砕けよ」の精神で試みようと考えた。

ＮＨＫ衛星放送第２が、２００１年12月16日に再放映した『わが青春のナヴォイ劇場――日本人捕虜が建てたウズベキスタンのオペラ座――』のＤＶＤを「シベリア抑留」問題研究のもう一人の泰斗である長勢了治氏からいただいて見た。公文書の整然と並んだ保管棚やロシア語の文書の映像と共に「ウズベキスタン中央公文書館」と「公文書Ｐ－２５０４号（ナボイ――著者注）劇場の建設史」というテロップが流れたので、再生してカメラに収めた。この資料にアクセスできれば、ナボイ劇場の建設過程が明確に解明できると小躍りした。

またサ外大特別顧問の川添光子先生からは、「同劇場の建設は国家的なプロジェクトなので、様々な資料があるはずよ」という貴重な助言をいただいた。幸い２０１６年8月夏休みを利用して妻バルノが、２人の娘を連れてサマルカンドの両親の実家へ里帰りすることになったのでその機会を使おうと思った。

妻バルノと従兄弟ティムールさんの活動

妻は、里帰りを無事に済ませて帰国のために数日間タシケントの親類の家に滞在した。著者から依頼された資料調査のために「ウズベキスタン中央公文書館」へ行くことになった。けれども妻は自分1人では心細いというので、日本のある大学院へ留学しそれを修了してタシケントの会社に就職していた従兄弟のティムールさんに、エスコートを頼んだ。

彼が電話帳で「ウズベキスタン中央公文書館」を調べると、1個所ではなく本館、分館など3館もあるという。特定できないのでタクシーで1館ずつ行くしかないということになった。ようやく最後の1館に探していた公文書があったという。ほっと安心したのは束の間であった。受付係の女性が「誰がなんのために『公文書P－２５０４号』を使いたいのですか」と聞いたという。妻は「私の夫であるサ外大名誉教授の日本人が、『ナボイ劇場』の建設史を調べています。そしてその研究成果を自分の本に書いて日本で出版する予定です」と答えた。すると係員は、「その資料は内務省の厳重な管理下にあります。もしその許可なしに閲覧や複写を私が認めたら私の首が飛ぶからそれはできません！」と強い口調のロシア語で「ニエット（英語のNO）」と答えた。これはソ連邦が「俘虜ノ待遇ニ関スルジュネーブ条約」（1929年7月27日）などの国際法に違反するとされる「シベリア抑留」の資料を長く公開しなかった影響が、1991年の独立後のウズベキスタンにも大きく影を落としているためであろうと考えられる。

妻は、「明日の飛行機で日本へ帰るのだからどうしても複写して帰りたい」と懸命に食い下がった。しかし係の女性の口からは、ロシア語の「ダー」（英語のYES）という答えは聞けなかった。けれどもどうしても複写したければ、「サ外大学長の許可書をもって外務省へ行き、閲覧および複写の申請書を提出して許可を取ってきてほしい」と教えてくれたそうである。しかしこのアドバイスもいかんせん明日帰国するので、それはとても無理だとあきらめざるをえなかった。

それまでも散々ロシア語で加勢をしてくれたティムールさんが一計を案じて、妻にそれなら「ナボイ劇場の事務所に行ってみよう」ということになった。陽もだいぶ傾いてきたので急いでタクシーに乗り事務所に駆け込んだ。男性の事務員が応対してくれたので、事情の一切を理解したティムールさんが直接交渉してくれた。

しかしこの事務所には、劇場の公演記録はあるが、建設関係の書類は1点もないという返事であった。あきらめきれないティムールさんが、なおも粘りに粘って交渉した。するとその熱意にほだされたのか『ECHO OF HISTORY』というウズベキスタン共和国・文化スポーツ省、芸術アカデミー発行の情報誌に「ナボイ劇場」の特集号（写真２）がある。ただし一冊しかない貴重なものだからパスポートと交換に特別に貸してあげるから、すぐにどこかの店でコピーしてきなさい」と親切に言ってくれたそうである。まさに「干天の慈雨」とはこのことであろう。そのコピーを手土産にして妻は日本へ帰国した。

著者は、妻が入手した『ECHO OF HISTORY』のコピーを見て〈一次資料〉ではないが、それに匹敵すると評価されるべきウズベキスタン共和国・文化スポーツ省と芸術アカデミーという公的機関発行の情報誌（ロシア語・ウズベク語・英語併記）であること、また今まで見たこともない正面図、平面図、断面図など新発見の設計図（これらは、〈付論２〉参照）が多数あるのでとても喜んだ。早速ロシア語・ウズベク語・英語および日本語の４ヵ国語の文献の翻訳に精通している教え子のベクマトフ・アリシェル君に翻訳を依頼した（『ECHO OF HISTORY（歴史の反響）』２０１２年４号（通巻56号）の翻訳。以下『歴史の反響』誌とする）。

写真２『ECHO OF HISTORY』誌の表紙

著者と訳者の相談により、「１９６６年のタシケント地震」とか「設計者Ａ・シューセフ氏の略伝」など興味のある記事が多数掲載されており翻訳も終わっているが、残念ながら紙幅の都合上大幅に省略した。そして本文にはないが《ナボイ劇場の設計と建築の歴史》と《劇場建設が完成した年は１９４７年である》という小見出しをつけて以下翻訳を紹介する。

訳者：京都大学大学院博士後期課程３年　ベクマトフ・アリシェル

裏表紙の書誌データは次の通りである。

「学術・実践、道徳・教育雑誌。発行元：ウズベキスタン共和国・文化スポーツ省、芸術アカデミー。発行社：情報通信社。編集長：Ｚ・ハキモフ。（編集委員８名の氏名省略）。発行部数：１５００冊。ＩＳＳＮ（国際標準逐次刊行物番号）：２０１０—５２５８」。

《ナボイ劇場の設計と建築の歴史》（14頁〜15頁）

「１９３４年6月12日に劇場建設専門委員会は、委員長のＧ・スヴァリチェフスキー氏の下で、つぎの決定にサインした。

劇場の工学的な設計は、建築設計機関の考案を採用し、建築と部屋の配置のデザインは、才能のある建築学博士のＡ・シューセフ氏の下で行うべきである。

その後のプロジェクトの進行は、Ａ・シューセフ氏が、代表となり同上専門委員会の所見を考慮して実行された。１９３４年暮れに２５００人の観客を収容できる劇場のデザインと設計が完成した。しかし、収容人員が多すぎるために、このデザインと設計は却下された。

　１９３６年初めに収容人員を減らし、補助施設（待合室）のサイズも変更された。さらに建物の正面には、ウズベキスタンの伝統的な建築の装飾が付け加えられた。

　この設計案に沿って１９４０年９月１日に劇場の建設が起工されたが、第２次世界大戦（独ソ戦争）により一時中断することになった。１９４３年になってようやく復活した。戦時中の様々な困難にもかかわらず、劇場の建設は大きな熱意を持って続けられた。１９４５年11月に建設の最終段階で日本兵捕虜たちが参加させられた（傍点は著者）。

　建設の全期間においてＡ・シューセフ氏は、自分のプロジェクトを完成させるために指導し続けた。倦むことなく建物のウズベキスタンの民族的な特徴をより鮮明に表現する方法を探し続け、ウズベキスタンの伝統芸術文化と自らの建築理念を近づけた。

　Ａ・シューセフ氏は、自らの建築理念について『劇場は休養と創造の宮殿であり、通常都市の中心部に位置しており、都市の最も美しい建造物の一つでなければならない』と語っていた」。

《劇場建設が完成した年は１９４７年である》（18頁～19頁）

「劇場建設の完成は、ウズベク文学の創始者であるアリシェル・ナボイの誕生日の５００年記念祝賀と重なり、完成したばかりのこの劇場ホールで祝われた。

劇場の横側の壁にある大理石の銘板に『アリシェル・ナボイ名称国立アカデミーオペラ・バレエボリショイ劇場は、A・シューセフ博士の設計と指導下で建設された。1947年』（「1947年」は、著者撮影の写真4で補った）と刻まれている。劇場のインテリアは、ナボイの想像によって作られたおとぎ話のような宮殿を連想させた。この新しいおとぎ話のような劇場には、偉大な詩人かつ人道主義者の名前が与えられた。この傑作建築を作った20世紀の優秀な建築家A・シューセフ氏と彼のプロジェクト・チームに国家の賞金が授与された」。

『歴史の反響』誌から判明したこと

1. 1934年6月12日：劇場の工学的な設計は建築設計機関の考案に、建築のデザインはA・シューセフ氏の下で行うことを決定
2. 1936年初め：設計案の完成
3. 工期の全容
   ① 1940年9月1日：起工
   ② 1941年6月：独ソ戦争勃発後一時中断
   ③ 1943年：復活
   ④ 1945年10月までウズベキスタン（ソ連邦）側の工事。

以上①②③④には日本兵捕虜は参加せず。

⑤　１９４５年11月：日本兵捕虜の「最終段階」建設参加

⑥　１９４７年11月７日：大革命記念日に完成祝賀会挙行

「工事」。

1. **2.** は、デザインと設計案の決定。**3.** ─①②③④はウズベキスタン（ソ連邦）側の

4. 日本兵捕虜の関わり

工期全体は１９４０年９月１日から１９４７年10月の約７年間、そのうち中断が約２年間あるので実質約５年間である。日本兵捕虜の建設参加は「最終段階」の約２年間であるので耐震性能に直接影響する「躯体工事」（彰国社編刊『建築大辞典〈第２版〉』（１９９３年）には、〈仕上げ工事に対する骨組工事の総称。通常の工事においては土工事、基礎工事、鉄骨工事、鉄筋コンクリート工事までをいい、木造建築の場合は建前までをいう〉とある）には関わっていなかったと判断される。

本節の結論

以上今回のウズベキスタン側の資料調査の内容から嶌信彦氏が主唱する〝シルクロードに生まれた日本人伝説〟すなわち換言すれば「この（ナボイ劇場の）建物の大部分を戦後の日本人

抑留者が建設した」（『追憶』90頁）という言説には明証を見いだせなかった。

以下日本側の〈一次資料〉である『追憶』と、新資料の『歴史の反響』誌の記述とが整合することを立証するために論点を整理したい。

論点は①「参加人数」、②「作業内容」の2点である。①「参加人数」は、工事への関わりにとって極めて重要なことであるので確認しておきたい。嶌氏は、『追憶』の「まえがき」で「日本人捕虜約450人の手によって建設され、1947年に完成した」（『追憶』5頁）と書いているが、正しくは『追憶』の「付記　タシケント第4ラーゲリ抑留者（以下「付記」と略す）」部分（筆者は、奉天第二八大隊永田行夫隊長、階級は大尉）に明らかである。

その永田氏の記述を整理すると「1945年10月30日に永田隊240名到着。その後転入者が順次増加してピークに達した457名となったのは、1946年8月末以降である」（『追憶』81頁）となっている。

嶌氏は参加人数について1冊目の『追憶』の「まえがき」と2冊目の『オペラハウスを建てた』では記述を変えている。1冊目では、前述のように完成までの期間「約450人」としていたが、著者が『〈青の都〉』の41頁で批判したこともあってか、2冊目の「増援部隊の面々」（115頁～116頁）では、永田行夫氏の「付記」に合わせて240人から1946年3月熊本少尉隊転入42人、同月山辺少尉隊転入26名、同年8月江口見習士官隊転入100人なども加わり合計457人に増加したと変えている。初めから永田氏の「付記」を正確に読んでいればこのような齟齬はおきないはずである。

なお、ここで旧軍隊の「階級」を特に永田氏執筆の「総括」17頁によって明記したのは、「ナボイ劇場」建設に参加した日本人捕虜が収容された「第四収容所（ラーゲリ）」は、「反軍闘争」など「民主運動」が低調で、旧軍隊秩序がそのまま温存されていたことを記したかったからである。旧軍隊では軍人の心構えと軍隊秩序維持のために「軍人勅諭《ちょくゆ》」（明治天皇が1882年に陸海軍人に与えた訓戒の勅語のこと―著者注）があった。そしてその中の一節「礼儀の項」には、「下級のものは上官の命を承《うけたまわ》ること実は直ちに朕《ちん》（天皇の自称―著者注）が命を承る義なりと心得よ」（俗には「上官の命令は天皇の命令と思え」と言っていた）という精神が、旧満州の奉天の現役部隊時代とは違うであろうが、生きていたことを忘れてはならないと考えるからである（現役時代に上官から受けた下級兵の制裁については本書69頁～70頁参照）。下級兵はその秩序ゆえに、精神的・肉体的に苦しまされた。そのことは嶌氏の『オペラハウスを建てた』にはただの一個所も記述がない。

ところで著者は、米寿を迎えられた永田行夫氏にお眼にかかり誠実な人柄に接したことがある（『〈青の都〉』29頁～30頁参照）。しかし往時の「第四ラーゲリ」では、永田氏は最高級の大尉であり絶対的権威者であったという事実は無視してはならないであろう。「軍の脊柱《せきちゅう》は将校である」とは、しばしばいわれることである。『追憶』で唯一そのことを証言しているのは、永田隊員の吉田一《はじめ》氏である。短文であるが故に心して読んでいただきたい。「第四（ラーゲリ）も永田隊が主力の為に軍隊意識が抜けず（将校室や食事の配分などの）当番は専ら初年兵の役目。我がグループのメンバーは（出身県名と氏名省略）七名でした」（『追憶』69〜70頁）。さらに氏は「作業の総指揮は永田さんが行う」（『追憶』72頁）とも述べている。

蔦氏は、永田隊長を「捕虜生活の下、457名の隊を率いて『ソ連を代表する劇場を建てる』プロジェクトを完遂したリーダーは、まだ24歳の将校だった」（『オペラハウスを建てた』のカバーの宣伝文句）と絶賛し、「元々、永田は自由主義的な考えが強かったたし、日本軍が壊滅してしまっているいま、旧軍隊の階級制度をそのまま活用している捕虜生活のあり方も疑問に感じていた」（同書171頁）と述べている。けれどもこの記述は果たして正しいのであろうか。著者は「元々、永田は」から始まるこの一文に蔦氏の叙述の本質が最も明白にあらわれている象徴的な個所であると考える。

第1の問題点。この文章は重要なことを引用しているにもかかわらずその典拠となるべき出典が明示されていないことである。私のいっていることは、なにも特別なことではなく私のスタイルと同じような書籍を最近読んだ。それは大西比呂志著『伊沢多喜男　知られざる官僚政治家』朔北社、2019年）である。日本近現代史の専門家である大西比呂志氏が、10数年以上心血をそそいだ労作と蔦氏が書いた『オペラハウスを建てた』を比較すること自体大西氏にははなはだ失礼であることは重々わきまえているが、書かせていただきたい。大西氏の著作は数行から10行ぐらいで文末に出典が必ず明記されている。それは公刊書、私家版（出版年が巻末に明示されている）、新聞、書簡、日記、手帳など第三者の検証に十分耐えうる資料や参考文献が細大もらさず記されている。注1．注2．などとしておられないので、いちいち章末の注記を参照する必要がないことも読者としては非常にありがたい。

第2の問題点。自らが編集した『追憶』の「証言」を真面目に読んでいるかと疑わずにはおられないことである。それは次の永田氏本人の証言に端的に明示されている。永田氏は、『追憶』の「総括」で正直に「収容所によっては民主運動の進展に伴いアクチブ（活動分子）が管理するようになった所も有ったと聞くが、第四収容所では解散まで昔の組織であったので非常に幸せであった」（26頁。傍点は著者。解散の時期は本書41頁参照）と明確に述べている。嶌氏が述べている「疑問に感じていた」などという文言は微塵もない。同氏の記述の「元々、永田は」に始まるワンセンテンスは、これでは捏造と指弾されても反論の余地はないのではなかろうか。

本題に戻りたい。②日本人捕虜が担当した「作業内容」の問題である。『オペラハウスを建てた』の77頁～78頁では、「土木作業、床工事と床張り、測量、高所作業、外壁レンガ積み、電気工事」と『追憶』の「総括」17頁（後掲）を参照してその場のがれで訂正されていた。既に著者は、1冊目『〈青の都〉』の43頁で嶌氏の錯誤を指摘した。

ウズベク側の資料『歴史の反響』誌によれば、「1945年11月に建設の最終段階で日本兵捕虜たちが参加させられた」と述べていることがきわめて注目される。

日本兵捕虜たちが参加させられた2年間の建設の最終段階においてどのような作業がなされたのだろうか。それは、『追憶』を詳細に見ると明かである。まず「（日本の）大学の専攻が建築」（『追憶』31頁）であり、ソ連邦側に一目おかれた「エンジニヤー扱いで建築技術上の問題についてソ連側の技術長のアシスタントの立場に就任」（『追憶』17頁）した若松律衛《りつえ》氏の証言が刮目に価する。彼は「仕事場は劇場内外の仕上げ」（『追憶』37頁）と述べている。さらに「この劇場は私たちが（第四）収容所に入った頃（1945年12月24日、第二収容所から第四に転入（『追憶』31頁）、既に建物の外装工事が半分ぐらい仕上がっていた」（『追憶』37頁～38頁）と記録していることも注目すべきである。

では「仕上げ工事」の具体的な内容はどのようなものであったのであろうか。既述の永田行夫隊長はつぎのように詳細に述べている。「土木作業。彫刻。左官。大工。指物《さしもの》。床張。煉瓦積み。電気工事。ウインチ。鉄筋。鉄骨。溶接。板金（ダクト）。足場大工。測量。高所作業。（とび職）」（『追憶』17頁）である。タシケント大地震の際、「ビクともしなかった」という耐震性能に大きく関与する「躯体工事」（前述の彰国社編刊『建築大辞典〈第2版〉』の記述を思い起こしていただきたい）は、前述の独ソ戦争の戦況による紆余曲折はあったが、大きな熱意を持って続けられウズベク人労働者を中心とするソ連邦労働者の手によって日本人捕虜が参加する以前に既に完了していたという明らかな事実である。

あるいは読者は、では右記の項目にあった①「土木作業」、②「鉄筋。鉄骨。溶接。」、③「足場大工。高所作業（とび職）」はどのように理解すればよいのかと問うであろう。つまりそれらは、「躯体工事」にともなう基礎工事や鉄骨工事さらに足場を組む作業を意味するのではないかという疑問でしょう。しかし、それも『追憶』を精読すれば答えは明々白々である。

①「土木作業」について。貫井《ぬくい》震二氏の証言。

「劇場内の片付けが終わった頃、各職場の職種別の割り当てがあり、最後のほうに残ったのが、絵、彫刻、それに外回りの土方の作業でした」（『追憶』45頁）。現代の建設作業工程でいえば、最後の「外構工事」にともなう「土方の作業」であった。

②「鉄筋。鉄骨。溶接。」について。森崎忠孝氏の証言。

「私は仕上げという部署に配属されました。主に金属に関係した部署で、この仕上部の現地の人はロシア人が多く、少し格が上のように思いました。（中略）仕上部も作業内容が広がって、当初7人でしたが、多い時には40人にもなりました。

責任ある仕事も任されるようになり、危険な作業も多く、非常階段の鉄骨組、屋上の水槽設置や、安全柵の取り付け、舞台の鉄骨組や装置の取り付けなど、中でも舞台幅にとどく大きな照明器具を何基も吊り下げる作業は、身を賭してやりましたが、後でナチャリニック（現場所長）に呼ばれ『危険だ』と叱られたことは、劇場建設に貢献できた自慢の想い出となっています」（『追憶』32頁～33頁）。

いみじくも森崎証言に見られる「仕上部」という部署の存在すること自体が、日本人捕虜の「作業内容」全体を象徴していると著者は考える。

③「足場大工。高所作業(とび職)。」について。今井一夫氏の証言。

「足場作りの仕事。(中略)大変危険な仕事もあったが、面白い事もあった。例えば外部の足場は大きな松丸太(太さ40センチ、長さ4メートル)を屋上に運び上げ、其の松の木よりワイアーを吊して作った。(中略)それから表入口にシャンデリア(裏表紙参照)の取り付け作業をした事をナチャリニク(現場所長)に認められ」(『追憶』51頁)。「屋上」で作業をしたことですでに劇場の軀体部が完成していたことが、明確にわかることと、シャンデリアの取り付け作業は、最後の最後の作業であることが最重要であろう。

しかしこれでも納得しがたい蔦氏や読者のために、永田隊長が『追憶』に執筆された「総括」の中で「仕上げ作業」の具体的なことが書かれている部分を次に引用したい。

「それぞれ作業に良い準備といわゆるコツ(要領)が必要である。これらを作業者がマスターしていなければ出来上がりが見るに耐えないものとなる。例えば簡単に見える煉瓦積みでも目地に均等にモルタルをならし、一枚ずつきちんと垂直に積まなければ上に至って傾きが出て取り返しがつかなくなる。

床のパリケット張り(寄木細工—著者注)でも水平に高低差や隙間が無いように張らなくてはならないので注意が要る。彫刻にいたっては石膏の固まらないうちにきれいに彫りあげるように熟練しなくてはならない。特に天井などの足場の悪い場所は難しい。電気配線、配管、溶接も当然ながら技能が要る。高所での照明器具の取り付けも危険な上、難しい作業である」（『追憶』23頁）。

さて、読者のみなさんにはもう十分に日本人捕虜が「最終段階」で担当した「仕上げ工事」の具体相を理解していただけたことと思う。ただ歴史研究は、資料の積み重ねによって多角的に成り立つものであるから永田隊員の証言が大多数を占める『追憶』とは別系統の証言を傍証として紹介したい。それは前掲の『オペラハウスを建てた』で嶌氏が主要参考文献として明記したソ連における日本人捕虜の生活体験を記録する会が編集・発行した『捕虜体験記Ⅴ中央アジア篇』（１９８６年）に収められた「タシケントでの労働　川口浩」からの抜粋である。

「建築工法は簡単で鉄骨は梁以外にはなく、外周はもっぱら赤煉瓦で積み上げる。ウズベク共和国の首都に設ける劇場だけあって、そうとう豪華な設計であり大規模なだけに作業もなかなか進捗しない。ソ連の作業者も一部いるが、大部分はわれわれ作業員が活躍する。多量の煉瓦を運び込むには、われわれ同胞が人力または馬の力で粘土を練り上げ、苦難な運搬作業で窯に入れ焼き上げたもの、一つ一つの煉瓦に同胞が額に汗し、高いノルマに喘ぎながら製造したものだから、壊れないように鄭重に取り扱わなければならない。

丸太と板を針金で縛って組み立てた足場は、煉瓦積み外壁の内外に設ける。所定の場所に赤煉瓦用モルタルを運び上げるのに電動クレーンを使わず、もっぱら滑車利用の引綱によるか、緩やかな傾斜板を使ってターチカ（一輪車）で運び上げるが、いずれも人海戦術である（傍点は著者）。（中略）

煉瓦積みの作業は、内地で専門職としていた者、なんらかの機会に基本を習得していた者はソ連の職人よりはるかに能率をあげられるが、その数はわずかで、未経験でも器用な者はさしたる日時をかけなくとも十分作業が遂行できるようになる。（中略）

《劇場の天井などの内装工事》（小見出しは著者補）

劇場の天井、観客2階席の天井は強度を必要とする要所には鉄骨を使うが、いわゆる天井裏の空隙を設けるのに一面の麻縄を張り、直下から石膏をたたきつけ、長さ60センチ・幅20センチ、両手で支えられる把手をつけた木製のこてを持って、仰向けになりっぱなしで行う壁の仕上げは実に重労働で、さらにシャンデリア（写真3）や照明灯の周囲は複雑な凸凹や円形をあお向きになりながら小ごてや小道具を用いて形造ったり、準備されたデコレーションブロックを張りつける作業がある。これらはそうとう疲労を伴う作業なので、突貫工事だと何組かの組作業要員を準備する。そのほか外壁の上塗り、屋根の瓦ふき、ブリキ職は樋の製作取付、床の板張り、電気配線工事、排風機、暖房機器の取付等、進行の過程で多くの専門職の職場がある。いずれも使用工具が日本のそれと異なるので、なれるまで相当の時間を要する」（284頁～2

８６頁）。

以上を総合するとつぎのＡＢＣの３点にまとめることが出来るであろう。

Ａ　日本人捕虜の参加は、実質約５年間の工事のうち後半の約２年間で、参加した時点では「躯体工事」は終了し「最終段階」の「仕上作業」に携わった。

Ｂ　１９６６年４月に首都タシケントを襲った直下型の大地震によって「ナボイ劇場」の周囲の多くの建築物が、崩壊したにもかかわらず同劇場だけはビクともしなかったのは、ソ連邦の設計・デザインの良さと「躯体工事」の建造物が堅牢であったこと、さらに日本人捕虜の「仕上作業」が誠実に行われたことによる。それゆえに倒壊や崩落を免れた栄誉は、双方に与えられるべきであると考える。そしてウズベキスタンの現代を代表する傑作建築を誕生させたのである。

Ｃ　アリシェル君が翻訳してくれた『歴史の反響』誌によって明らかになったこと、すなわち「１９３４年６月12日に劇場建設専門員会の委員

写真３　３階席から見たシャンデリア。『タシケント』より

長G・スヴァリチェフスキー氏のサインによって、劇場の工学的な設計は『建築設計機関』の考案を採用し」たことを初めて知った。今まで、著者はレーニン廟などの設計で有名なA・シューセフ氏ばかりに目を奪われていたが、これからはG・スヴァリチェフスキー氏と「建築設計機関」―おそらく現在日本でいうところの「構造設計者集団」―の功績を再評価しなければならないことを痛切に思い知らされた。氏および「建築設計機関」のメンバーがスターリン体制下の1930年代後半に行われた「大粛正」（大テロル）をどのように生き抜いたかとても興味深いことである。無事を願うばかりである。なお「大粛正」については、横手慎二著『スターリン「非道の独裁者」の実像』（中公新書、2014年）の199頁～203頁を参照してください。

最後に永田隊長は、『追憶』の「総括」冒頭で「部隊の構成が旧編成で維持され技術者を主体とする飛行機の修理担当で、建築現場の現地の人々との間に技能者同士の通じるものがあり仕事が進むにつれ、連帯感、親密度が深まってゆきました」（『追憶』15頁）と重要な証言を残していることを紹介しておきたい。

著者は、正面入口天井の彫刻類（劇場入口3階の工事をしている最中に足場から転落して1947年7月2日に即死された永尾清氏のことを思い出す。現場は裏表紙参照）やレンガが一つも落下しなかったこと、床のパリケット張りに歪みや凸凹が出なかったこと、電線が断線しなかったこと、シャンデリアが落下しなかったことなど丹精を込めた誠実な仕事ぶりに日本人として劇場を訪れるたびに誇りに思っている。

また２０１９年６月15日夜２人の友人からほぼ同時に電話があった。それは『世界ふしぎ発見！』というテレビ番組で「日本愛が止まらない！ウズベキスタン」が放映されているから見てという連絡であった。その中で「ナボイ劇場」の建設に参加した新家《にいのみ》苞《しげる》氏（94歳）が元気に出演され、「私たちは、〝仕上げ作業〟をした」と明瞭に証言された。この番組は事実について真面目に取り組んでいると感じた。後日、ご親切に同番組を録画したＤＶＤをくれた友人がいた。

〔付論１〕ウズベキスタンにおける歴史修正主義

『歴史の反響』誌の翻訳を主とした「ナボイ劇場」建設の真実は、以上の通りであるが、著者としては前述の「劇場の横側の壁にある大理石」のＡ・シューセフ氏の顕彰碑（写真４、碑文の翻訳は本書26頁参照）についてどうしても記録しておきたいことがある。それは２０１８年４月に現場を確認したところきれいさっぱりそれは跡形もなく撤去されていたので、非常に驚いたことである。２冊目の『ウズベキスタン』に書いたウズベキスタンにおける脱ソ連邦の動き（第２章の１、２参照）は、ついにここにもおよんでいたのである。

写真４　「A・シューセフ氏の顕彰碑」

代わりに設置されたのは、それまでA・シューセフ氏の顕彰碑の下にあった小さなブロンズ製のプレートが、巨大な大理石製になり埋め込まれていたのである（写真5）。しかも、ブロンズ製の文章は、上からウズベク語、日本語、英語、ロシア語の順に刻まれていたにもかかわらず、新調された大理石製のものは、ロシア語を削除するという念の入れようである。ロシア人観光客が来館することもあるであろうにである。「坊主憎けりゃ袈裟まで憎い」の類いであろうか。ウズベキスタンにおける歴史修正主義は、どこまでその手が及ぶのであろうか。

1冊目の『〈青の都〉』を読まれていない読者のために日本語訳の部分を紹介したいと思う。本来は5行書きであるが、改行を斜線で示したい。

「1945年から1946年にかけて／極東から強制移送された／数百名の日本国民が／このアリシェル・ナヴォーイ名称劇場の／建設に参加し、その完成に貢

写真５　「A・シューセフ氏の顕彰碑」が撤去された場所に設置した「日本兵捕虜の顕彰碑（仮称）」　提供：秋田由紀子さん

献した」。

　この日本人観光客を喜ばせ、かつ誤解を招く銘文には、２つの大きな問題点があることは１冊目の20頁〜21頁に書いた。第1は、簡単で「１９４６年」である。それは「１９４７年」が正しいことは明瞭である。なぜならば、『追憶』の「総括」で永田氏は「１９４７年10月23日に（第四ラーゲリー著者注）収容所閉鎖迄ここで生活するようになりました」（『追憶』17頁）と記述している。日本人観光客の気持ちを忖度して特に飢餓感と寂寥感に苛まれた建設作業期間を史実に反して1年間短縮したのだろうか。

　第2は「日本国民」である。最近親友であり市民団体の「シルクロード雑学大学」代表である長澤法隆氏から仲田由紀美氏の論文「ウズベキスタンにあるシベリア抑留に関するモニュメントと『戦争』の記憶継承—集合的記憶論の視点から—」（『21世紀社会デザイン研究』２０１４　No.13）をいただいた。

それによると銘文を翻訳したウズベキスタン共和国・国立タシケント東洋学大学日本科の菅野怜子先生は、２０１３年5月23日に仲田由紀美氏の聞き取り調査でつぎのように答えたという。「勤務先の大学にウズベキスタン政府から依頼があり、私が翻訳をすることになりました。はじめはロシア語の通り〈日本人捕虜〉と訳しました。しばらくしてから修正の依頼があり、〈捕虜〉から〈強制的に移送された日本国民〉というロシア語に変わりました」。

この菅野怜子先生の証言によって著者の永年の疑問はたちどころに氷解した。つまり史実として「日本兵（人）捕虜」とあるべきであるのになぜあえて「日本国民」としたかということである。それは故カリモフ大統領が、「親日政策」によりつぎのように厳命したことによっているという。「決して日本人捕虜という表記は使うな。このプレートは永遠に続く。日本とウズベキスタンは一度も戦争をしたことがない。そこに『捕虜』があるはずがない。」（元駐ウズベキスタン日本大使・孫崎亨「ナボイ劇場―日本人抑留者の建てた歴史の大舞台―」『追憶』13頁）。

著者は、第2次世界大戦史の門外漢であるから断定は差し控えるが、１９４５年8月9日旧満州（中国東北部）に大挙侵攻し、日本の関東軍と交戦したソ連邦軍の中にウズベキスタン兵が1人もいなかったのであろうかという疑問がある。富田武氏は、前掲の『シベリア抑留』で「ソ連軍には対独戦争を終えたばかりの将兵が数多くいた」（88頁）と記している。また永井清彦訳・解説『新版　荒れ野の40年―ヴァイツゼッカー大統領ドイツ終戦40周年記念演説―』

（岩波ブックレット№767、2009年）の解説によると「ベルリンを占領した中央アジア出身のソ連兵に女たちが手当たり次第に暴行されている、との話がドイツ人の間にたちまち広がっていく」（37頁）という記述がある。これらを統合すると、残念ながらウズベク共和国（当時）兵が、ソ連邦軍に編入されていた蓋然性はないのだろうかと考える。もしそうであるならば日本と交戦したとみなされるといえるかもしれない。

さらいえば「モンゴルは人民共和国を名乗る独立国だったが、ソ連軍とソ連人顧問に支配された属国、ソ連の16番目の共和国のような状態だった。しかし、モンゴルは自国の国際的認知のためにも、1936年の相互援助議定書に基づきソ連の同盟国として対日戦争に参戦していた。その『功績』として、捕虜1万2320人が戦利品とともに引き渡された」（富田武著『シベリア抑留』158頁）という。ウズベク共和国は、1945年8月23日のスターリンの極秘指令で始まった「シベリア抑留」によって、モンゴル人民共和国の約2倍弱の「2万人」が引き渡されている。その理由は一体何であったのであろうか。

この極秘指令をスクープした『読売新聞』1992年6月3日付4面の「スターリン極秘指令の全文」によれば、「ソ連NKVD（内務人民委員部）捕虜問題総局は、日本人捕虜50万人を以下の労働現場へ派遣すること。（中略）（j）ウズベク共和国＝2万人。（内訳）ベゴバト金属工場、コーカンド、タシケントなどの諸工場＝1万5千人。アングレン炭鉱＝3千500人。カリーニン石油工場＝千5百人。」とある。「ナボイ劇場＝240人」が入っていないのは、私見では「ナボイ劇場」の「仕上げ作業」を急ぐウズベク共和国の現地裁量によるものと考えられる。詳細は藤野達善著『もう一つの抑留　ウズベキスタンの日本人捕虜』（文理閣、２００４年）を参照してください。

この「2万人」の「捕虜」は、モンゴル人民共和国と同じように対日戦争に参戦したその「功績」として引き渡されたと考えるのがごく自然ではないであろうか。

なお、米国の宇宙船「アポロ11号」が月に着陸し、人類が初めて月面に足跡を刻んでから２０１９年7月20日（日本時間21日）で50年を迎えた。有人宇宙開発の歴史上でもウズベキスタンにおける歴史修正主義が見られるので、それを記録しておくことは無意味ではないであろう。

私がサ外大に赴任した２００３年4月ころ最初にサマルカンドの街路名を覚えたのは、「ガガーリン通り」であった。それは私が宇宙開発史に特に興味があったからではない。それは当時勤務校の日本語コースのリーダー格の山本雅宣氏のアパートが「ガガーリン通り」にあったので、学生達の会話にその街路名がよく出てきたからである。「ガガーリン」といっても今の若い人はもちろんたいがいの日本人は知らないであろう。私は、１９６１年4月12日にソ連邦のガガーリン宇宙飛行士が、初の宇宙飛行に成功し、「地球は青かった」と話したことを鮮明に記憶している。ちなみにガガーリンを称えるソ連邦のポスターにあったロシア語を妻に訳してもらった（松戸清裕著『歴史のなかのソ連』）。「１９６１・４・12　ソビエト国民の勇気、労働、英知万歳！」とあるそうだ。

実際に「ガガーリン通り」を通ったのは、サ外大に赴任してしばらくしてからであったと思う。どこかの十字路に「ガガーリン」の功績を称賛するロケットの模型（？）らしきものがあったと思う。それがいつしか消えてなくなり、「ガガーリン通り」の名称も変更されてしまった。若いタクシー運転手にその名前をいってもわからないとの返事で乗車を拒否されるようになった。これもウズベキスタンの「脱ソ連邦」すなわち歴史修正主義の一環と言っても過言ではないであろう。

第2節　寺山恭輔氏が主張する最新の「ナボイ劇場」建設について

寺山恭輔・東北大学東北アジア研究センター教授の主張を検討したい。寺山教授が執筆された「第54章　ウズベキスタンにおける日本人抑留・日本人墓地─日本人抑留者が後世にのこしたもの─」(『60章』所収)という1章を取り上げたい。それは今後大きな影響力を発揮すると考えるので、3点にわたって著者の見解を述べたい。

まず、寺山氏の文章は長いので適宜省略し、かつ記述の便宜のために著者がＡＢＣの記号を付したものであることをお断りしたい。

「日本人抑留者が動員されて完成したナヴァーイ劇場は、Ａ・シチューセフが設計し、Ａ『1939年に建設が始まり、戦時中の1942年に中断されていたが、1945年後半日本人抑留者が加わって1947年に完成を見た。』、Ｂ『1966年の大地震の際にも持ちこたえたため、日本人抑留者の技術力、仕事の完成度の高さが伝説となって伝えられているが、建設の経緯を考えると図らずもロシア人、ウズベク人、日本人が力を合わせて作った偉大な文化的遺産であると言えよう。』、Ｃ『強制された労働であったにもかかわらず、後世に残るものを造ろうと、優れたリーダーのもとで団結して仕事に取り組んだ成果であった』」(335頁~336頁)。

さてＡの１９３９年について。建設の起工が１９３９年であるとの説もあるが、寺山氏もその説をとっている。この事についての出典や根拠は不明である。事実は本章第１節で示した通り１９４０年９月起工である。出典や執筆者不明の情報は、安易に引用しないというのが、研究者の矜持であると著者は考えている。したがって、信頼のおける〈一次資料〉の探索に意を用いたのである。

次にＢについて。この記述の主旨は著者の考えとほぼ同じである（『〈青の都〉』45頁～46頁参照）。

最後になったが、Ｃについて。まず声を大にして言いたいのは、「優れたリーダー」とされた永田行夫隊長自身は、「強制された労働であったにもかかわらず、後世に残るものを造ろう」という高邁《こうまい》な目的が、はたして建設中にあったのかということである。

寺山氏は、〈一次資料〉である『追憶』の「総括」（永田行夫氏執筆）を読んでおられないか、見逃したのでしょう。氏は、嶌信彦著『オペラハウスを建てた』の次の記述を「真なるもの」として何らの疑問も感じずに「うのみ」にして「受け売り」したのであろう。氏の研究姿勢には、ここにも問題があると考える。嶌氏は、永田氏が本章第1節で述べた若松律衛氏に次のように語ったと記述している。

「我々はソ連の捕虜ではあるが、このナボイ劇場は完成するとモスクワ、レニングラードにあるオペラハウスと並ぶソ連の代表的劇場になるものと聞いている。（中略）

むろん、手抜きをしたり、いい加減なやり方で恰好をつけた建物にすることもできると思うが、私はソ連の歴史に残るオペラハウスとなる以上、日本人の誇りと意地にかけても最良のものを作りたいと思っている。

捕虜としてやるのだから別にそこまで力を入れなくても良いだろう、という意見もあるだろう。しかし私の気持ちとしては、後の世に笑われるような建築物にはしたくないと考えている。さすが日本人たちの建設したものは、〝出来が違う〟と言われるものにしたいと本気で思っている」(『オペラハウスを建てた』118頁)。しかしこの記述の最大の問題は、ここでも出典が明記されていないことである。

永田氏は出典の明確な『追憶』の「総括」では、「今振り返ると仕事が後の世に残るものであった事は実に幸運であった。炭坑とか、煉瓦焼きのような仕事は苦しいだけで後に何も残らない。このような仕事に従事しているとひどい苦労をされた方々に対して済まないという感が無きにしもあらずです」(『追憶』23頁。傍点は著者)とまったく逆の証言をしている。

傍点部分である「今振り返る」という文言は、裏返して言うと「仕上げ工事」の作業当時「後世に残るものを造ろう」という右記発言の認識が、永田氏にはまったくなかったことを明確に述べていると解釈するのが妥当であろう。嶌氏の出典を明示せずなんら客観的な根拠のない潤色された発言の偽造は、おそらく戦後たびたび開かれた「第四ラーゲル会」という戦友会の酒宴の席で永田氏が語った「昔話」に尾鰭《おひれ》が付いて誇大に伝えられたものをもとにして書かれていると推察する。

「第四ラーゲル会」の酒宴の様子は、ＮＨＫ制作の『わが青春のナヴォイ劇場』というテレビ番組で見た記憶がはっきりとある。会場の温泉旅館で一風呂浴びて浴衣に着替え、１杯２杯とビールや酒が入ると、手拍子で軍歌やロシア民謡などを放歌高吟し、「隊長」、「軍曹」、「上等兵」などと話しかけ「昔話」に花が咲いていた（『追憶』29頁）。「隊長」と呼ばれた元大尉の永田氏は、相好を崩していたのが特に印象に残っている。

なお、元駐ウズベキスタン日本大使の孫崎亨氏が、「(「ナボイ劇場」の) 作業は『敵国』の文化施設建設である。軍人にとって、やり甲斐のある仕事ではない」（「ナボイ劇場―日本人抑留者の建てた歴史の大舞台―」『追憶』９頁）と述べていることはもっと注目されてよいのではないかと著者は考えている。

以上の記述の傍証となる証言を前記『追憶』の「総括」から抜き書きして擱筆したい。

「労働がきつい上に、自由に食物が手に入らないので心理的な圧迫があり、飢餓感が常にあり悩まされた」（『追憶』20頁）。

「抑留生活の悩みは空腹と、いつ帰国できるのかわからないことである」（『追憶』24頁）。

「抑留生活の特性は、自由が無い、目的が無い、情報がほとんど無いということである」（『追憶』29頁。傍点は著者）。

これらを総合すると、「飢餓感」にさいなまれ、「帰国」できるか否かということばかり考え、

「目的が無い」日本人捕虜たちが、寺山氏の言われる「優れたリーダーのもとで団結した」とは考えがたい。また、「（ナボイ劇場の）作業は『敵国』の文化施設建設である。軍人にとって、やり甲斐のある仕事ではない」建設作業をやらされている永田氏が、「日本人の誇りと意地にかけても最良のものを作りたいと思っている」という嶌氏の出典不明な記述は、信じがたいと考えるのは著者だけではないと思う。以上2節にわたって多角的に嶌氏らが主唱する言説を検討してきたが、いずれも明確な根拠を見出せなかった。

〔付論2〕『歴史の反響』誌に掲載されたA・シューセフ氏の「設計図」などについて

今回初めて示す「ナボイ劇場」（54頁の「設計図の概念図」参照）の①正面外観図、②1階平面図、③A—Bから舞台方向を見た内部図、④C—Dから左側を見た内部図、⑤Bから見た右側面外観図、⑥石膏彫刻の装飾デザイン（部分）を見て読者の皆様はどのようにお感じになられたでしょうか。建築に素人の著者の感想をまず述べさせて下さい。①4本のアーチ型の太い列柱とその上にのったウズベキスタンの民族的な特徴を表現した小型の尖塔に圧倒される（表紙参照）。②のわかりやすい1階平面図を見てみましょう。建物正面の間口の長さを1とすると、建物奥行きの長さはその約3倍もあります。まずそれだけで「ナボイ劇場」の巨大さがわかります。1階中央の客席部の広さに対してロビーの広さ、そして舞台と舞台裏の空間の広さ、

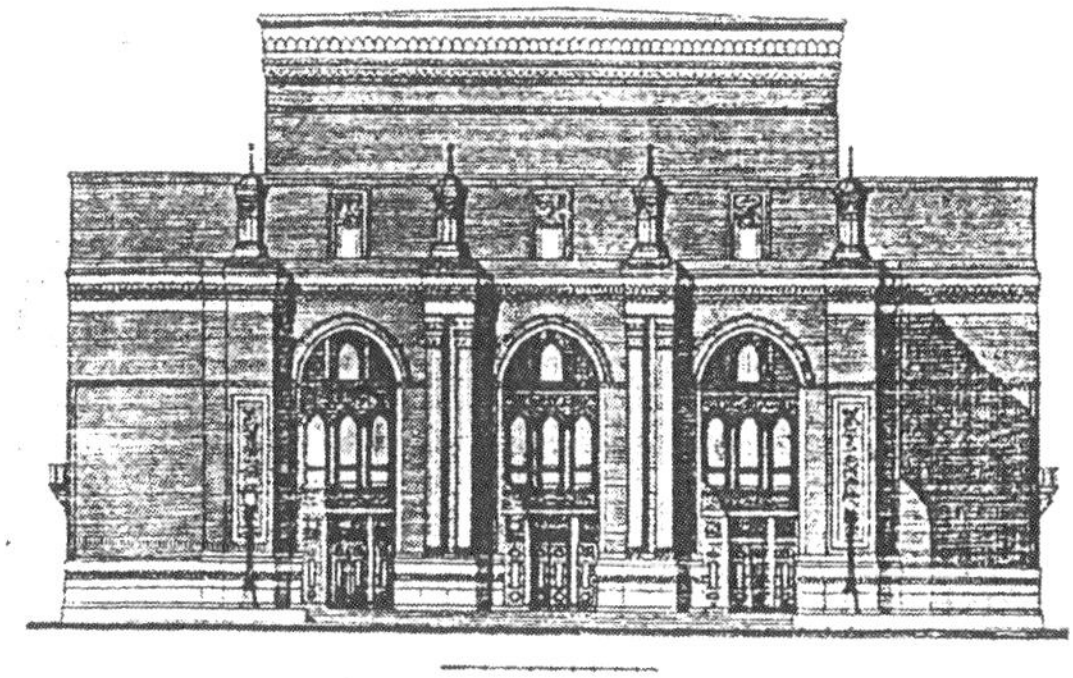

Бош фасад лойиҳаси. Охирги вариант.
Проект главного фасада. Окончательный вариант.
The plan of the head facade. Last version.

①正面外観図（『歴史の反響』誌 10 頁～ 11 頁より。以下同じ）

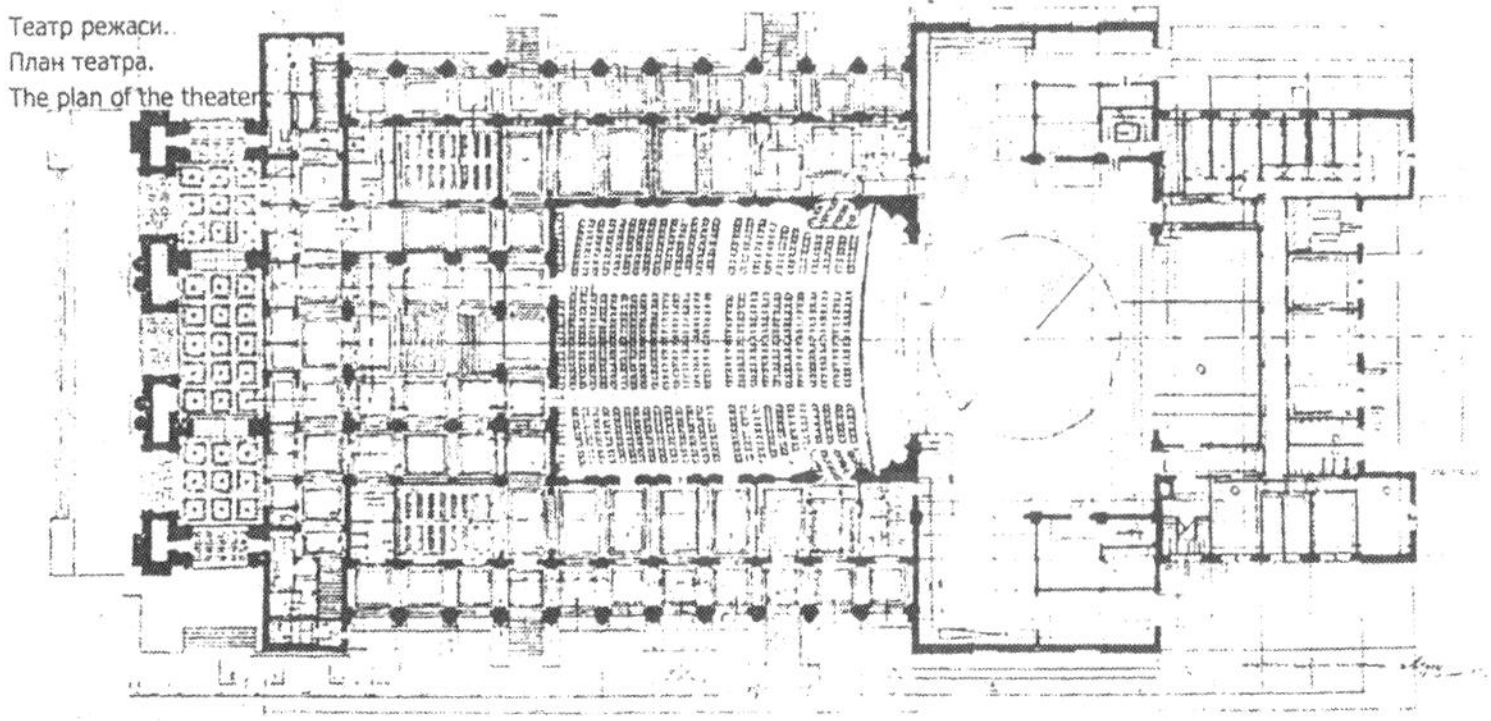

② 1 階平面図

ドーム（シャンデリアはここにある）。写真3は3階席から撮影したドーム。

Кўндаланг кесим. Вариант 1937 й.
Поперечный разрез. Вариант 1937 г.
Cross-section. Version of 1937.

③ A ↔ B から舞台方向を見た内部図

シャンデリアを設置するドーム。

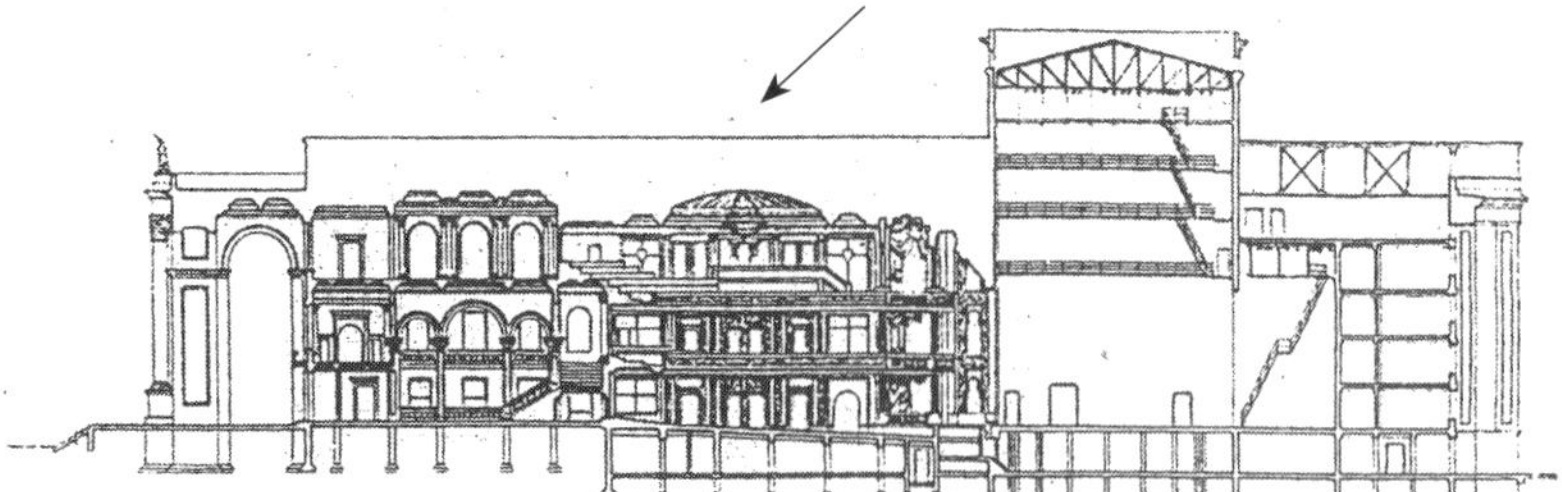

Театр биносининг бўйлама кесими. Вариант.
Продольный разрез здания театра. Вариант.
Slit section of the theater. Variant.

④ C ↔ D から左側を見た内部図

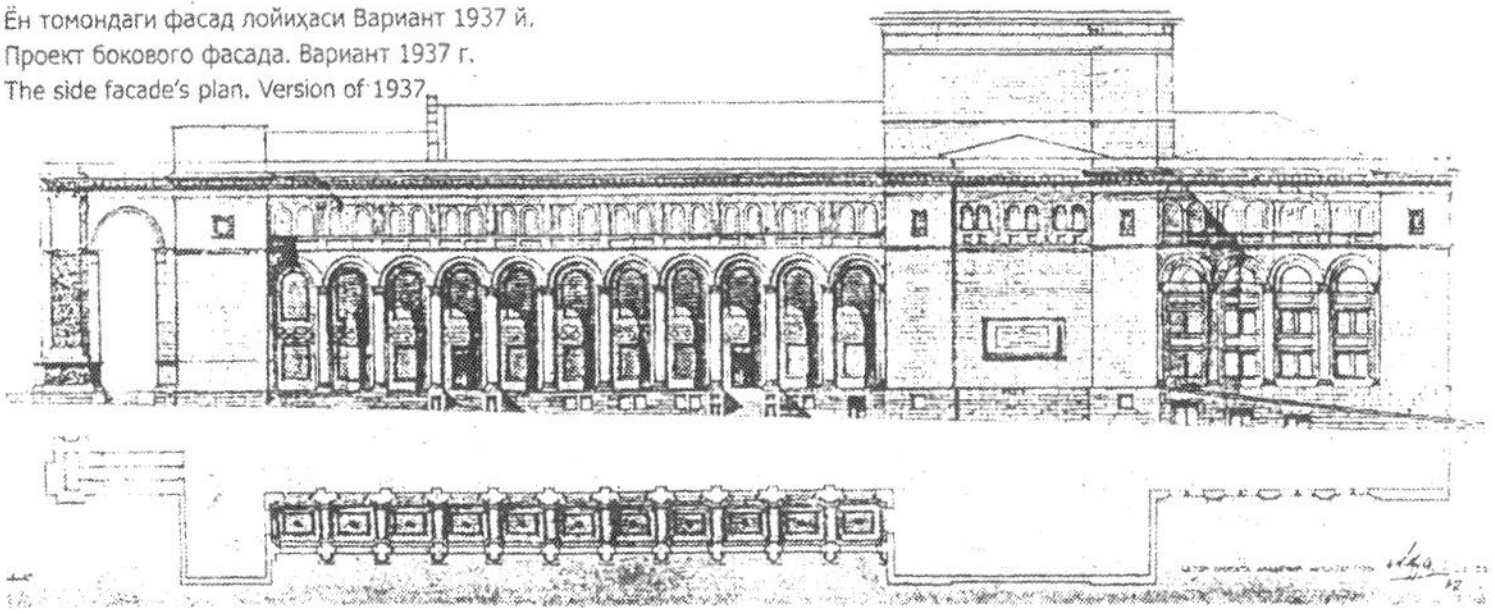

⑤Ｂから見た右側外観図

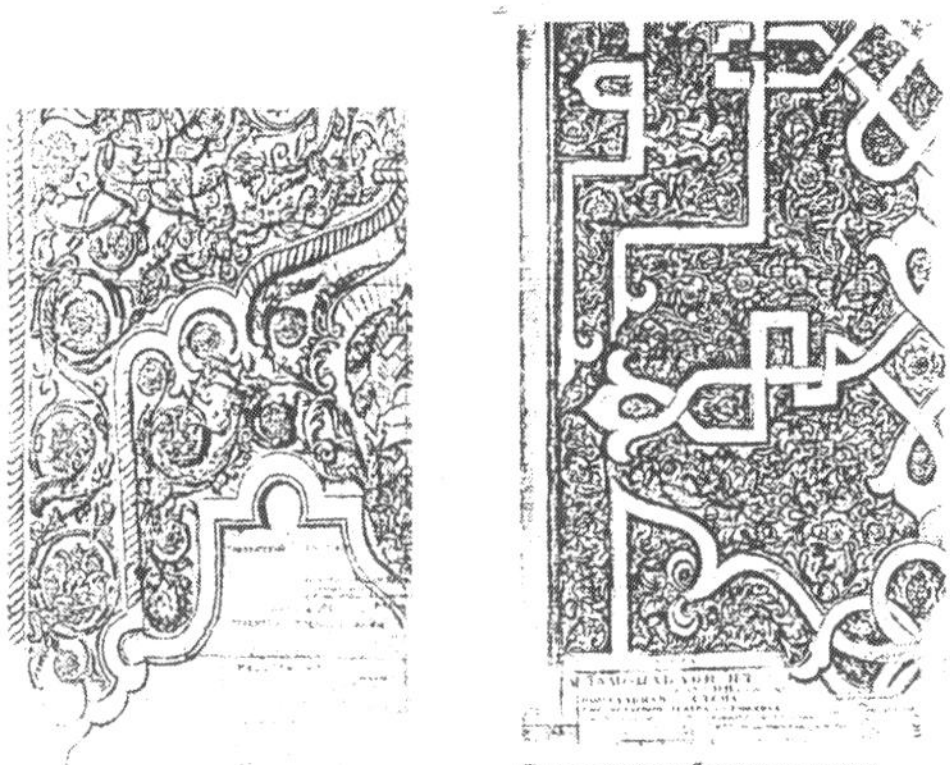

Ложа безаги андазаси.
Шаблон орнамента ложи.
The model of the box ornament.

Саҳна пештоқ безаги андазаси.
Шаблон орнамента портала сцены.
The model of the portal wall's ornament.

⑥石膏彫刻の装飾デザイン（部分）

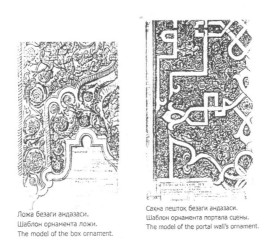

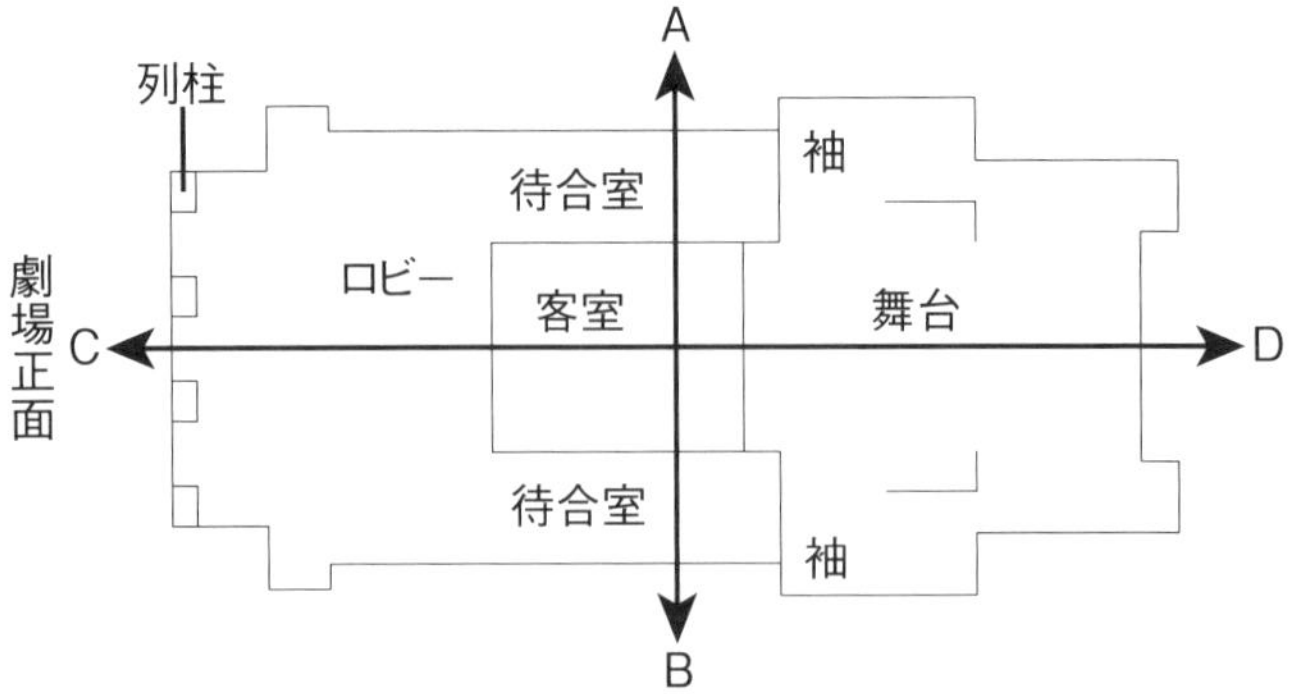

〔設計図の概念図〕

さらに舞台左右の袖の広さには驚きました。それに加えて2つの待合室を完備するために長い左右の廊下が設計されています。

③A—Bから舞台方向を見た内部図を見ると1階部分よりも上階の構造がよくわかります。ただ残念ながらドームを形成する屋根裏の鉄骨構造は白塗りで不明です。④C—Dから左側面を見た内部図で特徴的なのは、客席上部の劇場の豪華さを観客にアピールするシャンデリア（写真3参照）を設置するための巨大なドームの施行の困難は想像にかたくないと思います（本書36頁参照）。またアーチ型を多用した複雑な構造にも驚かされます。さらに建築物全体を支える基礎杭も十分にあると思います。最後に⑤のBから見た右側面外観図で眼を引くのは、アーチ形の大きな10本の柱のある柱廊の見事さでしょうか。さらによく見るとその上部に22の小型アーチが見られます。右側の屋根から突き出した長方形の建物は舞台上部でしょう。

①から⑤を見て総じて言えることは、私はオペラ劇場というものは複雑で想像以上に変化に富んだ巨大なコンクリートの建造物だと考えます。劇場の耐震性能を左右する多岐にわたる複雑な構造計算のために「ナボイ劇場」の構造計算をする「建築設計機関」と建物と部屋の配置のデザインを担当するA・シューセフ氏の部門を明確に分けたことは賢明であったと思います。

また、諸設計図を離れて「ナボイ劇場」を施工するときの機械や道具の問題を整理しておきたいと思います。『追憶』を読んで稼働していたのは、「手動ウインチ」（『追憶』62頁）と「滑車」（『追憶』74頁）のみあった。一方前掲書『捕虜体験記Ⅴ中央アジア篇』には「電動クレーンを使わず、もっぱら滑車利用の引き綱によるか、（中略）ターチカ（一輪車）で運び上げるが、いずれも人海戦術である（傍点は著者）」（285頁）と記されていた。現在の建築現場でごく普通に見られる大型のタワークレーンなどは、建築中の写真（写真6）にはなかった。

写真６　建築中の「ナボイ劇場」　提供：駐日ウズベキスタン大使館

　これによって「最終段階」の工期「約2年間」で、参加人員は当初約10ヵ月間は「２４０名」、その後転入者が増えて「４５７名」による約14ヵ月の工事で「ナボイ劇場」という巨大で複雑な建造物の「躯体工事」から「内外装工事」までをすべて完了し、嶌氏のいわれるように「一九六〇年代の大地震の際（中略）『ナボイ劇場』だけはビクともしなかった」（『追憶』5頁）というのは考えられることなのであろうか。

なお、付け加えると前述の嶌氏の文言には、図⑥に見られるような精緻をきわめた石膏彫刻の制作と壁面への施工に従事された参加人数のことはあまり眼中にないのではないかと思われる。著者は1度だけロビーをはじめ1階から3階まで6部屋すべての待合室を見学したことがある。天井や壁面は全面的にすきまのないくらいこれらの彫刻で埋めつくされていた。これら全てを制作・施工すれば、相当な延べ人数を要したことは理解できた。後日談。後述する映画『旅のおわり世界のはじまり』では、各部屋に差し込む日光との兼ね合いを調節した絶妙なライティングで本来の美しさを堪能できた。

読者の皆さんには、ぜひ想像力を働かせてお考えいただきたいと切望する。また建築の専門家のご意見をいただければ幸いである。

〈資料1〉「ナボイ劇場」建設の〝真実〟を語る

兵庫県三田市在住　田畑正雄氏

田畑正雄氏との出会い

『神戸新聞』カルチャーセンター（神戸市三の宮駅前）で行われた2010年3月の著者のウズベキスタンついての講演をお聞きくださった方が、突然挙手をされて「私たち日本人捕虜が『ナボイ劇場』の建設現場に到着したときには建物はほとんどできていた」という私説を支持する証言をえたのでそれを報告したい。

兵庫県三田市在住で「ナボイ劇場」建設に従事された田畑正雄氏（当時89歳。写真7）が、2010年6月ビデオカメラでの録画・録音を許可された上、証言していただいた〝大英断〟には心から感謝している。

写真7　田畑正雄氏

氏はご高齢にもかかわらず日々農作業に精をだされ、2～3時間のドライブは平気（時には舞鶴市にある「引き揚げ資料館」や「引き揚げ桟橋」などに出かけることがある）という矍鑠《かくしゃく》としたお元気な方だが、淡々とした話しぶりには「最後に〝真実〟を言い残して置きたい」という気迫が感じられた。今もお元気だと拝察します。

田畑正雄氏の証言の要点

取材のなかでいろいろお聞きしたが要点は、①「私らが昭和20年年11月上旬ころ建設現場に着いたときにはもう建物はほとんどできていました。これは間違いありません」②子供のいない大理石の床張り職人であるウズベク人のシードロフ親方から「私の息子にならないか」といわれたというエピソード③「ウズベク人に親切にしてもらったから無事に帰国できた」というお話はとても感動的であった。

【付記】田畑正雄氏の取材ならびに録画・録音には、畏友佐野允彦氏（歴史ジャーナリスト、神戸市在住。拙著2冊目『ウズベキスタン』の終章〝生涯の友〟参照）のご協力をいただいた。記して謝意を述べたい。

〈資料2〉ウズベキスタン抑留の記憶

福岡県太宰府市在住　奥村馨氏

ウズベキスタンに抑留される直前の私の所属部隊の動きについて書き残しておこう。このことは墓場まで持っていくつもりであった。しかし［戦後70年］が話題になるにつれて私の心境にも変化が生じた。

私の記憶がまだら状態にならないうちに…。

私（写真8）は昭和19年10月、20歳徴兵検査甲種合格により満州国熱河省承徳市に連隊本部（連隊長N大佐）をおく関東軍第240歩兵連隊に入隊し、毛沢東を長とする共産8路軍討伐隊に入隊。

翌年、6月陸軍戦車特別攻撃隊の師団編成に選抜され、ソ連満州国境に配置された。これが運命の始まりとなる。8月9日ソ連軍が日本国との不可侵条約（日ソ中立条約―著者注）を破棄して、満州国境に侵入、結果8月15日天皇陛下のいわゆる終戦ご詔勅発令となるのである。

写真8　奥村馨氏

関東軍は大元帥陛下の軍であるとして翌16日戦争中止の命令を発した。

我が攻撃隊はソ連軍を迎え、第10中隊長（K中尉）は「諸士の命は私が貰った。よって、隊は明日早暁4時赤峯にてソ連軍戦車と戦う」と絶叫。

倉庫に保有している食料は出来るだけ携行し、兵服も新品とし、あとは焼却した。

私は当時指揮班にいて通信班と共にいたが、中隊長のいう「明日」が何日なのかは、全く覚えていない。

ただ赤峯に向かって数時間後に第3軍司令部から無線が入り「直ちに戦闘を中止し奉天に集結せよ」との連絡があった。1日ほど行軍中また無線、「武器は放棄せよ」とのことらしく、隊長は士官の拳銃、軍刀以外はすべて放棄せよと命令、近くの「葉柏樹」駅で所謂〔武装解除〕した。今まで伝家の宝刀、天皇陛下ご下賜といわれていた武器を、駅前広場の中国人群衆の前に差し出すことは、全く屈辱感で一杯であった。


（中略）


目的地〝奉天〟目指して進軍中、〝錦県飛行場〟でソビエト軍に拘束された。ここが最初の収容所となるとは考えていなかった。もうこの時抑留の一歩が始まっていようとは。勝ち戦の関東軍には終戦＝敗戦という構図はなかったのである。

日本帰国の前日まで作業していた場所は、首都タシケントにある国立ナボイオペラ＆バレエ劇場で、建設工事に従事していた。

入院していたカガン野戦病院を卒業《ママ》し、軽作業者（オーカー）としてこの劇場に配置されたのである。

抑留されて一年半も経っている時で、現場には既に日本人旧軍人が４５０名ほど作業中であった。この原隊は福島県編成の航空大隊とかで、共に作業しこの劇場の完成を待って、私は昭和22年10月帰国した。この時〝復員証明書〟が県から発行された。驚いたことにわれわれは〝引揚者〟ではなく「復員軍人」であった。

〈これによって、平成23年、国から長年にわたる作業の慰謝料（労賃？）が支払われた。私の場合25万円、ここに至ったのは〝シベリア抑留者連盟〟の方たちの長い働きかけあっての事である。〉


作業内容は、この航空大隊が航空機補修大隊であったことから、技術者が多く溶接、電気、大工、織物職人等々劇場建設にうってつけの面々であった。私は単なる手伝い人として、セメントの練り合わせ、運搬などの雑作業をやらされた。時には劇場内の廻廊に飾る日本人形師職人の生地縫い合わせなどの手伝いもあって、結構楽な作業もあった。したがって、麻雀パイ、トランプカード、将棋駒、碁石など遊戯用品はすべて手作りして、遊びには事欠かなかった。

夕食後は屋外で見張り役のロシア軍人と（出入りはある程度自由）和気藹々、連中が持つバラライカ（三角ギター）にあわせて、カチュウシャや遙かなる我がブルガリア（ヴォルガ？）などを教わって合唱したこともあった。食事は貧しく四六時中腹ペコだった。

こうしてナボイオペラ・バレエ劇場における私の出番は終了した。このあと待ちに待った帰国となる。〈『福岡・ウズベキスタン友好協会ニュース』№.138、2016年1月31日発行よりタイトルを含めてそのまま転載。〉

【付記】筆者の奥村馨氏は、2017年9月28日ご逝去された。享年93。本書の上梓が遅れたためにご覧いただけなかったのが、まことに悔やまれてならない。合掌。

著者は、かねてから福岡・ウズベキスタン友好協会の中郁勝会長につぎのようにお願いしていた。「出来るだけ早いうちに協会員の中にシベリア抑留の体験者（特にナボイ劇場建設に参加された方）がおられると思うので、ビデオカメラで撮影・録音していただけませんでしょうか」。

しばらくして中郁氏から「ナボイ劇場の建設に参加したという協会員がわかりました。近いうちにビデオカメラを持ってご自宅に伺うという了承が得られました」との朗報がもたらされた。しかし、インタビューの訪問当日その方から電話があり急に体調が悪くなったので、キャンセルしたいとのことでその話は頓挫してしまった。筆者の奥村馨氏は、あるいはその方かもしれない。

ご本人は「私の記憶がまだら状態にならないうちに…」と謙遜されておられるが、この文章は誤字や脱字がなく実に理路整然として明快そのものである。「老いてなお矍鑠《かくしゃく》としている」という表現がぴったりな方だと想像する。本来ならば（中略）とせずに全文転載したいが、本書全体の紙幅を考慮してのことである。ご海容いただければ幸いである。

以下何点か手記に出てくる事柄についてコメントしたい。

①特筆すべきことは、日本人抑留者「４５０名ほど」がナボイ劇場建設の「最終段階」におけるごく短期間の「最終末期」の作業内容や生活状態が活写されていることである。ただし、この「活写」を拡大解釈して奥村氏らが収容されたタシケントの「第４収容所」が〝極楽であった〟という嶌信彦氏の言説に著者が賛成しているわけではない。著者は、このような貴重な手記を戦後70年を契機として「戦争だけは絶対にやってはならない」という自戒を込めて記録された故奥村馨氏に深甚なる敬意を表したい。

②入院していた「カガン野戦病院」の場所については、今までの私の調査では特定できなかった。しかし富田武・長勢了治編『シベリア抑留関係資料集成』（みすず書房、２０１７年）という大著（９４０余頁）に掲載された「タシケント周辺の収容所所在地」（75頁）によって判明した。それによると世界遺産都市として著名なブハラ南東近郊に「カガン」が記されていた。

③「カガン野戦病院」の医師数・施設・医薬品などの状況は不明であるが、長勢了治著『シベリア抑留全史』（原書房、２０１３年）という大冊（６００余頁）によると、「野戦病院のような小病院（ラザレート）は、医療レベルが低く、女医（抑留者の話を総合すれば看護

婦に毛が生えた程度）が非常に多かった」（255頁）ようである。しかしウズベキスタンは、北緯39度から41度にあり東北地方とほぼ同じ緯度である。シベリアに比較するとずっと温暖で、それが犠牲者を少なくした大きな要因とみられている。ちなみに長勢氏の前掲書282頁の「地域別死亡者数」の死亡率によると、シベリア奥地のチタ州22・2％、アルタイ地方29・1％に対して、ウズベキスタン共和国は3・7％である。

④シベリア抑留は一般に飢餓・酷寒・重労働の「三重苦」といわれるが、故奥村氏は女医が日本兵捕虜のお尻の肉を指でつまんで行う「体格検査」によって「OK（オーカー）」という「軽労働」と判定されたこと。さらに入院患者の食事は、長勢氏によると「特別に病院用基準」を設けていた。しかし「この基準も規定通りに実施されていなかったが、それでも収容所よりも病院のほうが概して食事の内容はよかった」（262頁）ことなどが故奥村氏には幸いして無事故国に帰国できたのであろう。

〔コラム①〕「ナボイ劇場」で初めて歌った（？）日本人ソプラノ歌手

『朝日新聞』2017年9月29日付朝刊の訃報欄につぎのような記事を見つけた。

小野光子（おの・てるこ＝ソプラノ歌手）27日、老衰で死去、90歳。故人の遺志で葬儀は行わず、後日、「しのぶ会」を開く予定。
東京音楽学校（現・東京芸術大）卒業後、モスクワ音楽院に留学。日本におけるロシア歌曲の先駆的存在で、チャイコフスキー国際コンクールの審査員も務めた。父は俳優・劇作家の小野宮吉、母は「うたごえ運動」創始者の関鑑子。著書に『回想　音楽の街　私のモスクワ』。

小野光子さんの詳細な業績については、いろいろな市民運動の畏友である宮本芳夫氏から遺著となった『回想　音楽の街　私のモスクワ』（朔北《さくほく》社、２０１１年。口絵９参照）を国会正門前の安倍内閣の退陣を求める集会でいただいて初めて知った。

訃報に見えない事績をごく簡略に紹介したい。小野光子さんは、１９２７年５月鎌倉市で生まれた。東西の冷戦時代に、母の関鑑子《せきあきこ》さんが１９５６年４月にレーニン平和賞を受賞したことも与って、モスクワ音楽院に日本人として初の留学、以来ロシア歌曲との長いつきあいが始まった。留学生時代を終え、数年後の１９６４年12月からソ連邦国内を隈無くといってもいいほど広範囲にコンサート・ツアー（３年間に実に１８０回）を行った。ツアーは成功し１９６８年７月に帰国した。

著者が注目したのは、前掲書の「第三章　私のソ連各地のコンサート・ツアー」の「八　中央アジア」――それは「一番印象的なのはやはり中央アジアへの旅だった」（211頁）という一文で起筆されいる――に記述された「タシケントのコンサートをすませるといよいよサマルカンドに向かう」（217頁）というわずか1行である。

コンサート・ツアーの「演奏会場は各地の音楽院の豪華なホールもあったし、小都市の万能ホールのステージもあり地域の集会場ということもあった」（208頁）というから断定は差し控えるが、タシケントでは〝レーニン平和賞受賞者の娘〟のコンサートであるから「ナボイ劇場」であったのではないか、と著者は秘かに推測している。「ナボイ劇場」の上演記録を精査すれば判明するでしょうが、今の著者にはその余裕がありません。後世の若い人たちに事実解明をゆだねたいと思う。

もし、著者の推測が正鵠を射ているとすれば、このコンサートは「ナボイ劇場」の最終段階の「仕上げ作業」にあたった日本兵捕虜（現在そのほとんどの方は鬼籍に入られた）への最大の慰藉となったのではないでしょうか。小野さんもその事実を知ってロシア歌曲だけでなく日本の名唱歌である「故郷《ふるさと》」（作詞：高野辰之）なども心を込めて熱唱されたと想像をたくましくしたい。

〈資料3〉ある戦争孤児の短い物語——カガン日本人墓地に眠る父の墓参——

兵庫県神戸市在住 白井勝彦氏

私は1944年生まれ、私の幼い記憶に父は存在せず、母と2人で筑豊地方の炭鉱の社宅で生活していました。母は、時には泣きながら私を育てていましたが、私が5歳の時37歳の若さで病死し私は孤児となりました。近くに住む子の無い夫婦に引き取られ、私にはわずかな記憶のみが残り、養父母もいきさつを話してくれませんでしたので、自分の生い立ちさえも分からないまま年を重ねました。

私は神戸市に職を得た頃から自分のルーツを探し、父がソ連に強制抑留されウズベキスタンの収容所で病死し、遺骨は帰っていないこと。また母もお寺で無縁供養され遺骨が無いことが分かりました。軍服姿の父の写真は親族から譲り受けましたが、母の写真は見つかりませんでした。

私は退職を期に、遺り残した父の埋葬地を探すため、さまざまな行政機関や団体に問い合わせました。例えば福岡県庁には「兵籍簿」があり、父の招集から武装解除・入ソに至る経緯が記載され、また厚生労働省にはロシア政府から渡された抑留中死亡者の個人資料があり、これを請求したところ38頁の「診療記録」「死亡証明書」「埋葬証明書」を受け取りました。これら資料を基に埋葬地を探し、2015年ウベキスタンのカガン市にある日本人墓地の父の墓に花を手向けることができました。

私は孤児になりましたが、幸い多くの方々に支えられ今日があります。敗戦直後の調査で、戦争孤児は兵庫県に5970人、神戸市では「有隣学園」「子供の家」等を開設し孤児を「収容」しました。それから70年が過ぎ、これら施設は既に廃止され、孤児自らの証言はほとんど無く、哀しみを抱えながら戦後を生き抜いた姿が語られないまま歴史から忘れ去られようとしています。

厚生労働省から受け取った父の個人資料である「証明書」には「死亡日　1947年2月22日　遺体は区画番号6　墓標番号13に埋葬された。墓標として、6／13」と記されている。〈「福岡・ウズベキスタン友好協会ニュース」No.147、2017年5月21日発行から転載。〉

【付記】カガンの日本人墓地については、『地球の歩き方』2009~2010年版の1書である『シルクロードと中央アジア』の「ブハラの日本人墓地」（89頁）にカガン駅から徒歩約20分で行けるルートと現況の写真が掲載されている。

〈資料4〉シベリア抑留の父　空襲下の母　命をつなぐ

東京都東村山市在住　福田進吉氏

「昭和18年4月1日、奈良第38聯隊中部67部隊に入隊。同年6月末、鯖江第36部隊に転属。9月初旬、下関港を出港し釜山港に入港。9月末頃、満州国東安省蜜山（526部隊）満光独立迫撃砲大隊（中村大隊）大日向中隊（田中班）に転属。昭和19年4月、牡丹江省チハル（備前大隊）に転属。昭和20年8月15日、ハルピンにて終戦。同年9月初旬、牡丹江より入ソ（シベリア）抑留。ハバロフスク近郊の収容所2、3箇所に配転されるもラーゲル名記憶なし。昭和22年9月22日、ナホトカより恵山丸にて舞鶴港引揚」。これは亡き父が書き残した兵歴である。

父は20歳で兵隊に取られ、敗戦後シベリアで抑留された後、命からがら25歳の時に引き揚げてきた。生前、父は戦争について多くを語らなかったが、私が子どもの頃、ラーゲル（強制収容所）での生活について話したことを断片的に覚えている。

森林伐採のノルマがきつかったことやいわゆる赤化教育を受けたことなどを話していたと思うが、『働かざる者食うべからず』とポツリと言った言葉が耳に残っている。

父の軍隊時代の写真の中に、『顔が腫れあがった』1枚の写真（写真9）がある。その

写真９　福田進吉氏の父、右の人

腫れは『連帯責任をとらされ、スリッパで叩かれたからだ』と母が教えてくれた。その時、父は母のそばにいたが黙っていた。今考えると、父は軍隊生活の理不尽さを忘れることができなかったのだと思う。

父の青春時代は『戦争と抑留』という、生きるか死ぬかの極限状態にあった。母の青春時代もまた大阪大空襲（１９４５年３月13日深夜）で家を焼かれ、丸裸の極貧の中にあったと聞いている。幸い、父は生きて還り、母と巡り合い、今私がいる。今年、母は97歳で亡き父のもとへ旅立った。これからは両親から受け継いだ命のバトンを、二度と戦争という残忍な行為にさらすことなく、平和憲法の下、次代の若者達が夢と希望に満ちた人生を送れるように引き継いでいきたいと思っている」〈『富士見町九条の会ニュース』No.１５５、２０１８年12月２日発行より転載。〉

【付記】本稿は、ウズベキスタンにも「ナボイ劇場」にも直接関係はない。しかし、私はこの短文には、中国侵略史、日本軍兵営（内務班）内の不条理（野間宏著『真空地帯』を読んで下士官から下級兵士が受ける制裁の酷さは知っていた。けれども画像で見たのは初めてである。

福田氏の父君〈写真9〉が戦友と写真を撮影され写真帳に貼って保存した記録魂に感動した)、シベリア抑留のラーゲルにおける苛酷な生活と思想教育、大阪大空襲(作家小田実は、この経験から「難死」─多数の一般市民にもたらされるまったく無意味な死─という造語を生み出した。『デジタル大辞泉』などによる)、敗戦後の極貧生活、平和憲法への思いなどが、簡潔に凝縮して書かれていることに大きな感銘を受けたので転載させていただいた。

第2章

ウズベキスタンに関する近著を論評する

第1節　嶌信彦著『日本兵捕虜はシルクロードにオペラハウスを建てた』（角川書店、2015年）

本稿のテーマの絞り込み

本書は、読みやすくドラマチックに、かつ大胆に潤色・変形して非常に面白く書かれている。ノンフィクション作家・中田整一氏の書かれた書評が、『沖縄タイムス』2015年11月7日付や『神戸新聞』同年11月8日付に掲載された。中田氏は、本書を絶賛しているが、最近本書に限らずテレビなどでも日本人美化の話題がさかんに出てくるので疑わしいものがかなりある。識者であればこの本はどうであろうかという基本的な疑問を持ってしかるべきではないであろうか。あまりにも単純に本書を評価しすぎていると感じられる。また、『読売新聞』は、2016年1月10日付の書評では短いけれどもこれ以上は考えられないほどの賛辞を呈している。実に憂慮に堪えない事態である。

「ナボイ劇場」建設の真実に関することは、第1章で詳述したのでこの論評ではその問題は取り上げない。

「第四収容所（ラーゲリ）」は、〝極楽〟か？

本稿では、嶌信彦氏自身が「２０１５年12月14日　ジャーナリスト　嶌信彦」という自筆署名入のＷＥＢ上の「特設サイト」に記された広告の「シルクロードの日本人伝説と極楽収容所」にみえる「極楽収容所」に焦点を絞りたい。

まず、「シベリア抑留」問題の碩学のおひとりである長勢了治氏から２０１５年10月16日に私宛に送信されたメールを「序論」として紹介する。

「胡口様　嶌さんの著作『日本兵捕虜はシルクロードにオペラハウスを建てた』（角川書店、２０１５年９月30日初版）を読みました。『ナボイ劇場』の日本人伝説を振りまいているのは予想通りとしても『第四ラーゲリ』の様子が、仕事で出張に出かけた先のように待遇の良かったことばかり書いてあるのは違和感を持ちました。『第四ラーゲリ』が恵まれていたのは事実だとしても抑留生活がこれほど楽なはずはありません。ご参考までに。長勢」

次に原隊や階級は不明であるが、１９４５年10月末に「ナボイ劇場」の建設現場の「第四ラーゲリ（収容所）」に到着した永田行夫大尉部隊２４０人よりも遅れて厳寒のシベリア・イルクーツクの作業地から、同所に移送された川口浩「タシケントでの労働」（同氏著『ソ連俘虜見聞記』１９８３年より抜粋。編集・発行　ソ連における日本人捕虜の生活体験を記録する会『捕虜体験記V中央アジア篇』1986年所収。以下『捕虜体験記V』と略す）から「第四収容所（ラーゲリ）生活」が、決して「極楽」と言えるものではないことを雄弁に物語る文章から見てゆきたい。

ちなみに嶌氏は、主要参考文献に川口浩氏の著作を単行本としても『捕虜体験記V』をも記しているが、まともに読んでいるのか以下述べるようにきわめて疑わしき限りである。

①「タシケントは北緯から見ると、北京・青森とほぼ同緯度で、中部シベリア・極東地区から考えると遥かに南方、（中略）気候は温暖なので作業ノルマがきびしい」（『捕虜体験記V』284頁。傍点は著者）。

②「虜囚の身としては束縛そのもので、自由度がまったく閉ざされている」（前掲書283頁）。

③「ある夜、一年、二年かかろうとも、現在の環境を変えるために、逃亡を試み、体力の続くかぎり馬・らくだの背を借り徒歩を交えて、シルクロードを東進し、揚子江に辿りつき、東支那海か黄海に出て、海を渡って祖国に還る計画に懸命のシーンを夢見る。ずいぶん実現性に乏しい。しかし考えられることだが、金なし、食糧なし、通過の土地の言葉も知らず、さらに歩くべく体力に自信のない己を知らざる夢想、あまりにも日々が惨めなところから、脳裏のどこかに潜在している構想であるかもしれない」（前掲書284頁）。

前述した③の文末の「あまりにも日々が惨め」であるという一言で、「第四収容所生活」のすべてが言い尽くされていると考える。「極楽収容所」はまったくの虚言、戯言《たわごと》である。前述のように川口氏の文章は、本書の主要参考文献に記されているが、嶌氏は①の傍点、②、③についてはまったく言及していない。自己に不利な証言は、一切引用しないで隠蔽するという安倍政権さながらの執筆方針が貫徹している。これでは真実が明らかになるはずがない。

嶌氏の資料解読について

さて、嶌氏が「第四収容所（ラーゲリ）」に収容された絶頂時で457人の統率者としてヒーローのごとく描いている永田行夫隊長自身は、自らの収容所生活をどのように述べているかは非常に興味深いところである。今回本稿を草するにあたり本書を熟読した。嶌氏は、なおざりにしたと思われるが、私には永田氏が「帰国が決まったとき、ナホトカで抑留生活の思い出を詩にし、後にノートに記した」『タシケントを思う』という長い詩（本書219頁～221頁）の一節に「虜囚の生活　囹圄の中」とあるのを見い出した（傍点は著者）。「囹圄」は、『広辞苑』によると「れいぎょ（レイゴとも）罪人を捕らえて閉じ込めておく所。獄舎」とある。また『新明解国語辞典』には、「れいご。『牢屋』の古風な表現。〔古くは「れいぎょ」〕」とある。要するに永田氏は、自らの収容所生活を「極楽収容所」とは正反対である「牢屋・獄舎」

と詠んでいるのである。嶌氏の認識は、初めから「極楽収容所」という結論ありきであるので、肝心の資料を誠実に解読していないことを見事に露呈している。

「第四収容所」の衣・食・住の概観

これ以上贅言《ぜいげん》を要しないであろうが、「第四収容所」生活を送った他の人々の証言を傍証として記録しておくことはきわめて重要であると考えるが、その前に嶌氏自身が執筆・編集・発行に関与した『追憶』から衣・食・住の概観を紹介したい。

永田氏執筆の「総括」の「五　衣・食・住」から引用する。

「五・一　衣

衣服は始めのうちは日本軍の軍服軍帽を記章をはずし其のまま着用、靴も軍靴であった。そのうち当然傷んできたので、自己流の修繕をした。そのうちソ連側から綿入れの上着（クハイカ）や下着などが支給されるようになった。（中略）新品の下着をもらうとすぐにパンと交換する者も現れた。（中略）衣で困ったのは虱《しらみ》で、縫い目に卵がついて白く光っている。バーニア（入浴）はこの虱退治が主目的で、人間はおまけだった。虱の成虫は人間がシャワーを使っている間に衣類を行う。熱風消毒でなんとか殺せるが卵はなかなか死なない。結局閑を見て一粒づつ爪でつぶす（以下略）」（『追憶』19頁）。

「五・二　食

何と言っても食は最大の関心ごとであった。入った当初は食事の配給について無智であり、量をごまかされた（ぴんはねされる）様である。雑穀を煮る方法も知らないので半煮えとか、脱穀不十分で便秘を起こしたり、塩魚の塩出しをせずスープにいれ、からくて夜中にのどが渇いて何度も水飲みに起きる、等失敗があった（『追憶』19頁～20頁）。本書ではこの証言を直接的には取り上げていない。

一人一日当たりの食糧の配給量は記憶によると

種類	配給量（グラム）	備考
穀物	３５０	米、粟《あわ》、燕麦《えんばく》、まれに小豆　殻付きもあり。
黒パン	３５０	96％　％は精白度　１００グラムの穀物から96グラムの粉を作る。
野菜	８００	キャベツの漬け物、馬鈴薯《ばれいしょ》皮付き赤い砂糖大根
肉	50	骨付きの羊肉塩漬け。時には駱駝《らくだ》ひどい時は亀（チェルパーカ）
魚	１００	樽詰めの鰊《にしん》の塩漬け　まれに燻製《くんせい》の鰊
油	10	植物油
塩	10	岩塩　余り白くはない
砂糖	15	甜菜糖《てんさいとう》　さらさらして白い

茶　1
煙草　10

マホルカいう緑色の植物の茎または刻み。将校は紙巻き10本の規定。しかし刻みまたはマホルカがほとんどだった。

この配給量で計算すると食べられる部分が100%ならば（中略）なかなかのものである。しかし実際には穀物にはもみがついていたり、羊の肉は骨の目方が多かったり、駱駝の肉はひどく固くて噛めなかったり、亀にいたっては甲羅《こうら》の分が大部分で卵以外はだめ。馬鈴薯は腐っている所が多く、魚も骨付き等で食べられる所は大分少なくなる。（中略）労働がきつい上に、自由に食物が手に入らないので心理的な圧迫があり、飢餓感が常にあり悩まされた（以下略）」（『追憶』19頁〜20頁）。

「五・三　住

衣類の虱と同様、住の悩みは南京虫《なんきんむし》。兎に角（理屈なしに）すごい。ベッドの隙間に無数に棲息していた。夜寝るとぞろぞろ這い出してくる。始めのうちは噛まれると痒くてたまらない。寝るどころではなかった。しかしよくしたものでそのうち免疫ができて痒くなくなった。その点虱より楽であった。殺虫剤などは勿論無いので、退治するためには晴れた休みの日に庭にベッドを出して日光を当てて焼く。（永田氏の階級は大尉なので兵隊とは別の2階正面階段そばの「将校室」で生活していた。「シングルベッド」だと考えられるから初年兵の当番によって庭に出させたと考えられる。けれども兵士達は１、２階の「鉄の二段ベッド」で起居していたからそれを庭に出すことは不可能であったと推測されるので南京虫の被害は大きかった。後述のA岩佐荘平証言参照―筆者注）。鉄なので触れないくらい熱くなる。効果はあったが全滅させる事は出来なかった。雨が少ないので雨漏りの心配は無かった。暖房はストーブ、燃料は石炭、配給量が少ないので室はあまり暖まらない。むしろ詰め込まれた人の熱の方が熱源としては大きかったのではなかったかと思う」（『追憶』22頁）。

「第四収容所」で生活した他の人々の証言

つぎに他の方々の証言も『追憶』の掲載順に抜き書きしておきたい。

A「帰りたかった日々　劇場作業と煉瓦工場　岩佐荘平」より。

「抑留生活と言うのは、ある意味で人間の極限状態を表すのかもしれない。タシケントは気候温暖の地とはいえ、夏は40度を越え、冬は雨期で雪や霙《みぞれ》が降り時にはマイナス20度になることもあり破れた靴を履いている身には辛かった。食事も、労働している身体には不足であり、絶えず空腹に苛《さいな》まれた。人の物をカッパラっても食べたい、吸殻入れを漁《あさ》ってもタバコを吸いたい。（中略）半年か年に一回、何の病気か知らないが予防注射がある。日本の場合民間では腕に打つ。軍隊では胸に、ロシアでは背中に打つ。これがなんと激痛を伴い、しばらくは動けないのには閉口した。（中略）南京虫と虱には、いくら駆除対策をとっても効き目がなく閉口した。（中略）我々にとって最大の願いは帰国である。ロシア軍の将校に、何時帰国できるのかと聞くとスコーロ（直ぐに、間もなく）と答える。（中略）彼らは物事により、1分でも、1日でも1年でもスコーロらしい。しかし抑留の身になれば、日本に帰りたくて気が狂わんばかりだった（以下略）」（『追憶』52頁―傍点は著者）。

B「食べ物と文化と民主運動　酒井金太郎」より。

「最初の一年くらいは、食糧がわるくて、しかも量が少なく身体を動かすのも大儀で直ぐに息が切れるほどでした。だからみんな顔を合わせれば、食べる話に花が咲き、帰ったら何々を作って食べたいという話で、まったく色気ぬきでした。わずかばかりの黒パンと砂糖とスープ、少しの野菜でいつも空腹状態でした。

収容所内の食糧倉庫に夜間ジャガイモ、キャベツ、砂糖大根などを盗みに入って腹を膨《ふく》らましたことが忘れられない思い出の一つです。（中略）昆布類は口にはいらず黒パンなので、心なしか髪の毛が、少し赤くなってきたことを思い出します。（中略）

日本と違って生水を飲むとすぐに下痢すると注意されていましたが、夏場の熱い時に我慢できずについ少し飲んでしまい、下痢が1ヶ月半も治らなかったことがありました。そのとき自分で治そうとして消し炭をつくって粉にして毎日飲んだこともありました。（中略）

1946年の夏でしたか、臨時の仕事で（ソ連邦の将校たちの―筆者注）ダーチャ（別荘）建設に行った時、ヘビを見つけて捕まえてコルホーズにいって、娘さんに焚き火で焼かせてもらったら、『日本人はヘビを食べる』と有名になったこと、熟れた杏《あんず》をとるために木を揺すぶっているところを監視兵にみつかって、足下に拳銃をぶっ放されたことなどを思い出します。

私は、最初野瀬軍曹と一緒に劇場の配管工事をし、劇場まわりの整地や劇場の舞台裏の階段つくり、劇場周囲に苗木を植えるなどの労働に従事しました。また、収容所周辺の民家を壊す工事もやりましたが、サソリがたくさん出てきたのには驚かされました。このサソリが収容所にもおり、朝起きて靴を履くとき靴のなかに潜っていたサソリに刺されて熱が出る被害を受けた仲間もいました」（『追憶』56頁～57頁）。

C「機械職人の見た劇場作業　森田武雄」より。

「残念なことは、食器（飯盒《はんごう》、辞書によると炊飯ができる日本軍隊独特の金属製の軍用弁当箱―筆者注）を洗った残りを食べていると、そのとき横に置いた350グラムの黒パンを取られてしまった話。同胞であり、同じ苦労をしながら、と怒った事があった。次は虱（ホワイトチーチー）の話。2週間目の入浴（バーニア）の時着衣一式熱消毒する時、10日ぐらいすると痒くなる。肌着を見ると、縫い目に沿って小型の楕円形の球のような卵が連なっている」（『追憶』61頁）。

D「蠍《さそり》　山崎優一郎」より。

「私達、土工五人組は劇場の正面にあった（今の噴水付近）黒煉瓦の建物壊しを、専門にやっていました。（中略）何時も足元を用心しながら作業をしないと、煉瓦の隙間から鯱《しゃちほこ》立ちをした海老のような恰好をした虫がぞろぞろと這い出してきます。蠍《さそり》です。だから油断が出来ないのです。私達はいつも素足に下駄履《げたば》きですから。土工五人組でも一番年長だった塚本治夫さんは休憩中『痛い。腹のあたりがチカッとした』と言って慌ててベルトを緩めてシャツをめくると小さな虫が、ポトリと足元に落ちました。小さなまだ透明に近い蠍の子でした。皆で覗きこむと、刺された場所が赤くなっていて、しきりに『痛い、痛い』と言っている。（中略）翌朝聞くと『寝る頃になって少々熱が出たようで頭が痛くてしょうがなかった、今でも頭がふらふらしているよ』と話しておりました。この蠍というやつ3センチくらいのちび助でも猛毒を持っているものだなあ、と皆怖気《おぞけ》を振るって、其れからというもの、見つけ次第踏み潰したりハンマーで叩き潰しながら作業を続けました」（『追憶』65頁）。

E「抑留いろいろ　吉田一《はじめ》」より。

「食料　作業に出る前は食堂は使用せず、グループで朝食の黒パンの分配を行う。『働かざる者食うべからず』のお国柄か作業に出る前は食事は朝晩の2回、朝食は黒パン２００グラム（作業に出るようになってからは３５０グラム）と砂糖大根を薄く切ったものが二、三片浮いているスープが飯盒の蓋一杯だけ、夕食は雑穀（主に燕麦、または鳥の餌のような皮被りの粟《あわ》、稗《ひえ》の類）の少し入った重湯《おもゆ》の様なものが少量、これでは身体が持たぬ、空腹と寒さのため良く眠ることが出来ぬ、仕方がないから道端の雑草（アカザ）を採ってきて温めなおし量と濃さを補う。

（中略）

こんな話もある。当時、厩《うまや》に馬が2頭いた。厩当番が夕方に翌日の飼料として直径70センチくらい深さ20センチくらいの錆び付いた鉄鍋に燕麦を3分の1位入れ、馬の飲む布製のバケツに3杯位水を入れ岩塩を二、三摑み程入れて一晩おくと翌朝鉄鍋一杯になる予定だった。ところが朝起きてみると、なんと水を含んだ燕麦が昨日よりも少ない。誰か夜中にお馬さんの上《うわ》前《まえ》をはねたようだ。

炊事当番を終わって劇場の仕事をしていた時、岩佐が何処から馬鈴薯を拾って来た。天井裏でコールタールを炊いている。針金で駕籠《かご》の様な物を作り中に馬鈴薯を入れて2、3分つけておくとうまい具合に茹だる。水の中で皮をむき食べると非常に旨い。ただしコールタール臭いのには参った」（『追憶』70頁）。

以上永田氏の「総括」やＡＢＣＤＥの証言を見てきたが、いずれも「第四収容所」が嶌氏の主張する「極楽収容所」とはまったく呼べない衣・食・住にことごとく不自由し、「抑留の身になれば日本に帰りたくて気が狂わんばかりだった」という「牢屋・獄舎」（Ａ冒頭の「抑留生活というのは、ある意味で人間の極限状態を表すのかもしれない」という岩佐荘平氏の証言がきわめて印象的である）であったことは明白である。

嶌氏のジャーナリストとしての良心・人間としての誠実性

私は、「新聞記者を含む真のジャーナリストは、近現代史の証言者であり、記録者である」と理解している。ジャーナリストたるもの、その取材・執筆には、「裏取り」が不可欠であると了解している。私の理解するところ、「裏取り」とは複数の証言や資料にあたり、その整合性を確認して事柄の信憑性を検証することである。嶌氏の本著作は、出典不明な自説に都合のよい資料だけに依拠し、それをドラマ仕立てに面白おかしく潤色した日本人を喜ばせることを目的とした1編の「プロパガンダ物語」であると考えざるをえない。彼は自説に反する資料は無視、黙殺するという姿勢を貫いている。信憑性を疑う、きわめて危うい著作である。彼のジャーナリストとしての良心・人間としての誠実性を疑わざるをえない。

鬼籍に入られた永田行夫隊長も「極楽浄土」でそのように思っておられると推察する。「私や『第四ラーゲル会』のメンバーを利用するのは、好い加減にしてほしい」と思っているに相違ない。これが本書を読んだ結論である。

なお、「まえがき」でも紹介したが、東京外国語大学名誉教授上岡弘二先生からお手紙で次のようなご教示をえた。記して心から謝意を申し上げたい。

「嶌信彦氏の『日本兵捕虜はシルクロードにオペラハウスを建てた』は、『読売新聞』２０１

6年1月10日付の書評で知りました。

評者が、通常の書評委員ではなく本社特別編集委員・橋本五郎氏で、締めの言葉が『この書を読んでいると、日本人が真から誇らしくなる』。時流に乗った『読売』らしいものです。貴兄が新著『ウズベキスタンと現代の日本』で史実をきちんと主張されたことに敬意を覚えます」。

また著者は、嶌氏にベートーヴェンのつぎの言葉を贈りたい。改行は斜線で示す。

できうるかぎりの善行／なにものにも優って自由を愛し／たとえ王座のかたわらにあっても／決して真理を裏切るな。

（ベートーヴェン著、小松雄一郎訳編『音楽ノート』（岩波文庫、1957年。7頁）

〔付論3〕ウズベキスタンを舞台にした日本人監督の映画

ウズベキスタンを舞台にした日本人監督による日本とウズベキスタンの初の合作映画が、完成したという話は風の便りで耳にしていた。それを確実なものとして私が知ったのは、2019年6月14日付『東京新聞』夕刊に掲載された映画『旅のおわり世界のはじまり』の紹介記事による。

同記事によると監督・脚本は黒沢清、主演は前田敦子とあった。映画をあまり見ない著者の知らない人々であった。見出しは「ウズベキスタン　歌が導く」と書かれていた。内容は「テレビバラエティ番組でウズベキスタン入りしたリポーター葉子（前田敦子）は、テレビ向けの作り笑顔に疲れた。彼女は1人で街に繰り出す。すると、どこからかかすかな歌声。それに導かれるように大きな劇場に迷い込み、自分が舞台で歌っているような錯覚に陥る。葉子が目指していたのはリポーターではなく、歌手だった」とあり、好意的に紹介されていた。

けれども映画は、日本ウズベキスタン国交樹立25周年記念・ナボイ劇場完成70周年記念に制作されたというので、私はきっと知名度からいって自称ジャーナリスト嶌信彦氏が喧伝する〝シルクロードに生まれた日本人伝説〟（本書〔まえがき〕の傍点参照）が必ず大きく顔を出すに違いないと思い、わざわざ映画館まで足を運ぶ気にはまったくなれなかった。だが「豈《あに》図らんや」そういうテーマは全然出てこなかったという手紙を、神奈川県立中原養護学校（当時）の教員時代から40年来の親友である宮内かねこさんからいただいた。

「前略　先日娘さんがウズベキスタンを旅行したという大学時代の友達である菊地美代子さんと新宿の映画館で『旅のおわり世界のはじまり』という音楽メロドラマをみました。ウズベキスタンを舞台にした日本映画です。主演前田敦子さん演じるドラマとエディット・ピアフのシャンソン『愛の讃歌』に感銘を受けたと同時に、ウズベキスタンのツーリスティックではありませんが、不思議な魅力をたたえた風景が美しく撮影されているので、ウズベキスタンを旅行したような気分になれました。ヒロインがナボイ劇場に入場し入口から奥に進むと、ウズベキスタンのタシケント・サマルカンド・ブハラなどの各地方独特の美しい石膏の彫刻を施したホール（待合室）が６室あります。それをウズベク人の通訳が、その彫刻について『これは第２次世界大戦直後日本人抑留者が、ウズベク人の親方の監督の下で心を込めて石膏を塗った上に型紙で文様を起こし、小刀を巧みに使って念入りに彫り上げたものです』というごく自然な説明シーンがありました。

嶌さんの本のように大袈裟な日本人を美化した映画ではありませんでした。最後のクレジットを表示するエンドロールで〔参考文献〕『ウズベキスタンと現代の日本』胡口靖夫（同時代社）がスクリーンに現れた時、静かな館内なのに「アッ！」と２人で思わず声を出してしまいました。お名前を出すことには先生の諒承があったと思いますが、ご本がウズベキスタン紹介の有効な資料となったことを本当にうれしく思いました。

ともかく見終わってからのビールでは、先生とバルノさんご夫妻、そしてウズベクの話しに盛り上がりました。くしゃみが出なかったでしょうか？時間がありましたらご家族４人でぜひ映画を見に行ってください。梅雨時お身体を大切に。〝３冊目の本〟の出版頑張ってください。バルノさんによろしく。

かしこ

２０１９・６・30朝　　宮内かねこ」

胡口靖夫様

後日談

　2019年7月7日（日）午後『テアトル新宿』へ家族4人で久しぶりに宮内さんに勧められた映画を見に行った。確かに心に残るよい映画でした。ことにヒロインの葉子が、プッチーニ作曲のオペラ『ラ・ボエーム』第1幕でお針子のミミが歌う名アリア『私の名はミミ』のかすかに聴えてくる練習中の歌声に誘われて「ナボイ劇場」の舞台に進み出る。そして劇場付きのオーケストラの伴奏をバックにリラックスした雰囲気で、舞台版の『ピアフ』で大竹しのぶさんが歌われた松永祐子さん作詞バージョンの『愛の讃歌』を絶唱したことには感動しました。このシーンは圧巻の迫力が漲っていたと思いました。というのは今回書いた本書で「〔コラム①〕ナボイ劇場で最初に歌った（？）日本人ソプラノ歌手」で取り上げた故・小野光子《てるこ》さんのことを思い出したからである。黒沢清監督の直感力には驚嘆しました。ヒロインは現代版の彼女そのものだと想像をたくましくしました。

　エンドロールのクレジットに〔参考文献〕として2冊の本が出てきました。①は拙著、②は『ウズベキスタン日記』金子泰子・金子敦（Blood Tube Inc）が映し出された時は、消え去るまで凝視しました。人生で最初にして最後の経験でしょう。執筆などで家事や子育てにあまり協力しない夫や父を妻バルノや中学2年の長女奈良・小学2年の次女夏希は、どんな思いで見ていたのかは知る由もありません。聞くのは野暮というものでしょう。

黒沢清監督は、著名な嶌信彦著『オペラハウスを建てた』（本書第2章第1節参照）を取り上げず、無名なもの書きの拙著を参考文献に採用されたのはなぜであろうかと素朴でうれしい疑問を感じています。今後のご活躍を心から祈念したい。

なお、「ナボイ劇場」の石膏彫刻についての通訳の長いセリフは、拙著の48頁〜49頁に書いたことを下敷きにして脚本化されています。通訳役のA・ラジャボフさんはウズベキスタンの人気俳優だそうです。日本語を話すのはまったく初めてだと思います。オーディションに合格してから猛特訓をしたのでしょう。彼の役者魂には感心しました。彼が主演したウズベキスタン映画を見たいと思う。

後日談の続き

親友達に時間があれば近所の映画館で上述の映画をぜひ観てほしいと手紙を出した。そのうち何人かの方からありがたいことにメール・手紙・電話などでお礼を言われて恐縮した。そのうちメールでいただいたサイクリングでウズベキスタンのシルクロードなどを走破した前田種雄氏からのものを紹介したい。

「胡口様　２０１９年7月11日
前田種雄
お手紙を頂きありがとうございます。
胡口さんのご努力、執念が実りこのような結果になったのですね。おめでとうございます。
サイクリストでシルクロードを走った友人40人ほどに貴お手紙を添付したメールを送信しました。早速映画を見に行くという人が5人ほど現れました。小生も明日『テアトル新宿』９：００に見に行きます。素晴らしい情報を頂き感謝しております。今後のご活躍をお祈りしております。以下小生が送信したメールです。

皆さん
胡口靖夫さんから黒沢清監督の最新作について添付の書状を頂きました。

書状には胡口さんが精力的に取り組んできたナボイ劇場完成の真実がこの映画で認識・評価され、参考文献に取り上げられた感動を述べられておられます。

胡口さんが解明した事実に対し、日本人の行動を大袈裟に美化するジャーナリストS氏の行動があり、胡口さんが徹底的に調査を行い、真実で対抗しました。それを黒沢清監督が認めたのです。

ぜひ皆様に書状を告知して欲しいとのことでした。

ぜひお読みください。そして映画も見てください。

胡口靖夫さんについて。シルクロード雑学大学の会合に参加され、また講演もして頂いた。

（以下略）」。

このように感謝されるとは思っていませんでした。望外の喜びとはこのことでしょう。

〔コラム②〕サ外大のオゾダ先生から送られてきたカリモフ大統領の死去と葬儀についてのメール

2016年9月5日　アチロワ・オゾダ

いつもお世話になっています。メールをいただき有難うございます。

さて〝国民のお父さん〟として尊敬されていたイスラム・カリモフ大統領が9月2日突然亡くなり、ウズベキスタンの国民は今非常に悲しんでいます。ウズベキスタンの〝青空〟と平和、国民の幸せな生活がこれからも続いていきますように祈っております。

とくに彼の生まれ育った故郷のサマルカンド市民が悲しんでおります。サマルカンドで9月3日に行われたお葬式のあと毎日世界遺産に登録されているシャヒ・ズインダ廟（口絵2参照——著者注）にあるお墓参りに来る人が数多くいます。

胡口先生

第2節　伊藤千尋著『凛とした小国』（新日本出版社、2017年）

本書の帯カバーによればその内容は、「今、輝いている4つの国＝中米のコスタリカ、米国と国交回復したキューバ、シルクロードの中心・ウズベキスタン、民主化したミャンマーにスポットを当てる！」とある。コスタリカ、キューバ、ミャンマーには、私は1度は行ってみたいと思っているが、未知の国だから論評は遠慮したい。したがって対象は、「第三章　シルクロードの中心、ウズベキスタン　ソ連後の中央アジアを探る」に絞りたい。著者は「出発前にシルクロードの歴史や正倉院の文物、中央アジアの民族や現代の姿など計103冊の本を読破」（123頁）された。そして現地のウズベク人ガイドを雇って、ウズベキスタンを2016年9月初旬、ちょうどカリモフ大統領の葬儀が執り行われたころに旅行されたそうだ。けれども書かれた内容には、事実誤認や疑問を呈せざるをえないものがあったので以下に論じたい。

第1　釈迦如来坐像発掘者についての誤解

伊藤氏は本書の2箇所でつぎのように述べている。A「荘厳な造りの歴史博物館を訪れた。

写真10　釈迦如来坐像。タシケント歴史博物館蔵

展示の目玉はガンダーラ仏だ。紀元1〜3世紀のクシャン朝のもので、高さ75センチの白い石の彫刻である。仏陀が座禅を組む姿を両わきから2人の僧が見守る。その発掘や研究に貢献したのが民俗・考古学者の加藤九祚《きゅうぞう》氏だ」(166頁〜167頁)。B「テルメズはウズベキスタン歴史博物館の最大の見ものであるクシャン朝の仏像を、加藤九祚氏自身が掘り出した場所だ」(169頁〜170頁)と言及していることである。この「クシャン朝の仏像」はいわゆる「釈迦如来坐像」(写真10、2〜4世紀〈仏像の制作年代と高さは、後述の②文献による〉、石灰岩、高さ72センチ。以下①③文献では、「石彫りの仏像」「石灰岩の三尊像」とも表記されている――筆者注)のことを指していると思う。ウズベキスタンの〝至宝〟の発掘者が故・加藤九祚氏であることは明らかに誤りである。

正しくはウズベク人の著名な考古学者L・アリバウム氏の夏季には50℃に達する熱砂の中における多年の発掘による成果である。それを明示するために3つの文章を引用する。なお写真

11はまさに発掘中の珍しいものである。

①はB・スタヴィスキー「中央アジア仏教遺跡の発見・研究簡史」（加藤九祚一人雑誌『アイハヌム　2007年』東海大学出版会、2007年）である。ちなみにB・スタヴィスキー博士は、1926年東部シベリアのイルクーツク州生まれ。生前ロシアアカデミー正会員に選ばれたが、2006年没。加藤先生とは30年来の知己。「カラテパ（遺跡）の北方1キロメートル足らずの地点にあるファヤズ・テパ（遺跡）（117×34メートル）は、1968年~1976年にL・アリバウム によって発掘された。（中略）信仰関係のセクションから見事な石彫りの仏像などが発見された」（35頁）。

写真11　釈迦如来坐像の発掘状況。タシケント歴史博物館蔵

②は、責任編集：田辺勝美・前田耕作『世界美術大全集　東洋編　第15巻中央アジア』（小学館、1999年）に書かれた№154の「釈迦如来坐像」の解説（執筆田辺勝美氏）である。田辺勝美氏は、中央アジア美術研究の泰斗である。傍点は著者による。「現（テルメズ）市街の西方に残る旧テル

メズの郊外にはいくつかの仏教遺跡が存在する。この浮き彫りはその代表的な伽藍址ファヤーズ・テペにおいて、L・アリバウムによって礼拝堂（祠堂）から発掘された。この地にはガンダーラとは異なり、彫刻に適した片岩がないので、粘土（ストゥッコ）や白色の石灰岩を用いてガンダーラの彫刻に倣った作品を制作した。この作品はその代表的なもので、インドの馬蹄型のアーチの下で禅定印を結んで瞑想にふける釈迦如来を表している」（380頁）。

③は、加藤先生ご本人の文章である。「カラテパ（遺跡）北丘からよく見える約1キロメートルほど北側に、石灰岩の三尊仏の発見で有名なファヤズ・テパ（遺跡）（紀元1～3世紀）がある。これは中央アジアで最も美しいと言われている。これは中央アジア・ユダヤ系の優れた考古学者、故L・アリバウムが遺跡の近くで農家を借り、10年近く彼の妻を看病しながら発掘を続けて見つけたものである。発見物にも、それぞれの人間の歴史が秘められている」（加藤九祚、2016年1月26日脱稿「第58章　ウズベキスタンの仏教遺跡と日本」、『60章』（362頁～363頁。）と述べておられる。〈資料6〉ウズベク人考古学者L・アリバウム氏について参照）。

伊藤氏の文章はまったく事実と異なっている。ウズベク人の考古学者の偉業を、安直に横取りして日本人の業績として記述している。本書の読者は、これを読んで快哉を叫んだ方が多いと思う。背筋が寒くなった。「黄泉の国」の加藤先生も困惑しておられると思う。

伊藤氏の先述の文章もまた近年テレビや書籍をにぎわしている「勤勉で真面目な日本人は素晴らしい」という安倍晋三首相流の手放しの日本人礼讃論に荷担すると考えられる大きな誤り

である。おそらく予習した「１０３冊の本」の中にそのような誤解にもとずいて書かれたものがあったのであろうか。それをそのまま何の検証もせずに「うのみ」にして氏は書いたものだろうと推察する。ジャーナリストとしてあまりにも軽率の誹《そし》りは免れないと思わざるをえない。

ちなみに上記の日本人礼讃論について私の考えを述べたい。それは日本が現在かかえている深刻な少子高齢化すなわち生産年齢人口（15歳～64歳）の急速な減少（現在は７５００万人だが、２０４０年には6千万人割れする見通し）と非正規雇用（今は労働者の4割でその年収は平均で１７５万円）の拡大による将来の経済力低下と財政・年金制度の危機的状況などという避けようのない閉塞感から逃れようとする日本人の自信喪失のあらわれであると考えている。また安倍政権の閉塞感をごまかすための政治ショーに見事に使われた「令和」改元フィーバー、天皇「代替り」の狂騒もしかりである。日本人は今普遍的な価値観より、内向きで刹那的な生き方に傾斜していき思考停止になっている。

しかしまだ希望はあると思いたい。２０１９年5月26日の「朝日歌壇」で、次の入選歌（選者は馬場あき子さん）を読んだことである。

命令は政令は和にゆきつくか今日も辺野古の海に土砂埋め

（甲賀市）幅尾　茂隆

沖縄の大多数の辺野古基地建設反対の民意イコール民主主義や地方自治という普遍的な価値観を安倍政権が踏みにじる暴挙を、彼らが決めた新元号「令和」を上手に読み込んで冷静に時代を熟察されている。

また歌人元井秀勝《ひでまさ》氏の第1歌集『坂の光景』（飯塚書店、２０１８年）に収められた

　　ふつふつと込み上げるもの湧き上り国会前へ自づと向かふ

という短歌に不屈の精神の曙光《しょこう》を見る思いがする。

第2　信じがたいウズベキスタン独立過程の歴史認識

伊藤氏が、「ウズベキスタンはソ連が崩壊したためにいやおうなく突然、独立することになった。カリモフ大統領が26年間も政権を握った。欧米のメディアは彼を『最も残酷な独裁者』と呼ぶ」（１２２頁。傍点は著者）と述べていることである。氏は、ソ連邦解体（１９９１年）のころ『朝日新聞』バルセロナ支局長（１９９３年迄）をされていたとはいえ、国際ジャーナリストならば冷戦時代を終結させた世界史的な事件を知らないはずはない。松戸清裕著『歴史のなかのソ連』（〈世界史リブレット〉山川出版社、２００５年）によって簡単に要約して事実経

過を追ってみたい。

「バルト３国の『ソ連離れ』は勢いをまし、90年にはあいついで独立宣言を採択した。他の共和国においても89年から90年にかけて主権宣言がつぎつぎと採択（ウズベキスタンは90年６月20日―著者注）されていき、90年にはロシア共和国も主権宣言を発するにいたった。（中略）１９９１年３月17日、連邦の維持をめぐる国民投票が９共和国（ウズベキスタンを含む）で実施され、いずれの共和国でも賛成多数、全体では76％が連邦の維持に賛成票を投じた。（中略）このお墨付きをゴルバチョフは手にし、連邦中央の権限を大きく削減する内容の新連邦条約案が同年８月20日に調印される予定であった。

しかし、共和国への大幅な譲歩に不満と危機感をいだいた『保守派』によるクーデタが起こった。クーデタはわずか３日で失敗に終わったが、新連邦条約はもはや結ばれず、共和国の独立宣言があいついだ（外務省ＨＰ『ウズベキスタン共和国』の『略史』によると「１９９１年８月31日共和国独立宣言とある。ただ理由は不明であるが、「独立記念日（祝日）」は９月１日である―著者注）。（中略）同年12月情勢は連邦解体へと一気に動き、12月21日には11共和国（ウズベキスタンを含む）が、独立国家共同体へ加盟することで合意した。これにより連邦維持は不可能となり、12月25日夜、ゴルバチョフはソ連大統領の職務停止を宣言し、ソ連の歴史に幕を閉じた」（82～84頁）。

以上で明らかなように歴史的事実は、氏の言われていることとは「正反対」であったのである。ウズベキスタンなどの各共和国の「主権宣言」「独立宣言」が先行したことによってソ連邦が解体したのである。なお、カリモフ大統領の欧米メディア評については、賛否両論ある。ウズベキスタン国内では一般的に〝国民のお父さん〟と呼ばれている（〔コラム③〕サ外大のオゾダ先生からのメール参照）。

第3 「なんちゃってイスラム」という中傷を批判する

私が、きわめて遺憾に思ったのは、第三章第4節「ソ連からの自立」の「1　なんちゃってイスラム」の記述である。それを長いが引用する。「国民の8〜9割がスンニ派のイスラム教徒だ。でも、ガイドのシュンコルさんは、『私のような、なんちゃってイスラムもいますが』と笑う。アラブのイスラム国家では金曜が休日だが、ウズベキスタンは日曜が休日で金曜は普通の労働日だ。イスラムの教えで禁じられているお酒も飲むし、豊富なブドウからワインを作るのはもちろん、地ビールさえある。厳しい原理主義のイスラム国家から見れば、ウズベキスタンは国全体が『なんちゃってイスラム』に見えるだろう」（154頁〜155頁）。

『デジタル大辞泉』（小学館）によれば「なんちゃって」は、「①などと言ってしまって。俗に何かを言った後に、それが失言や誇張、嘘などであったことをちゃかしたりごまかしたりする気持ちで用いる。②模造したもの。まがいものの」とある。もともとウズベキスタンのごく小さな日本人社会（後述）で「なんちゃってイスラム」といって揶揄していたようだが、現地のガイドが軽くいったことを著者である伊藤氏が、真に受けて「ウズベキスタンは国全体が『なんちゃってイスラム』に見えるだろう」と軽薄な言葉を使って一国全体を記述するのは、実に許しがたいことである。

「なんちゃってイスラム」について私の教え子であるサ外大の日本語教師をしているニソ先生は、以前から失礼きわまりないと憤慨していた。

「ウズベキスタンは、１８６８年に始まるロシア帝国の植民地化政策、さらには１９１７年のロシア社会主義革命の影響を受けてウオッカやワインを飲むようになっていった。そうしなければ政府機関や企業に就職したり出世はもとより、コミュニケーションが取れないので仕事上にも支障をきたしたからです。普段はウォッカやワインを飲むイスラム教徒でも夏の厳しいラマダン（断食月。一ヶ月間、日の出前から日没まで一切の飲食を断つ）には、自分の生唾を飲み込まない人もいます。日本人には想像できますか。『なんちゃってイスラム』と軽々しく絶対に言ってほしくはありません」。

第４　多様性のあるイスラム世界

これについては、前著『ウズベキスタン』に書いたが、要点のみ補訂して１４８頁から再録したい。

イスラム教世界の特徴――多様性のある国々や地域の併存

現代のイスラム教研究者は、「イスラームは地域の枠を越えた統一性（アラビア語コーラン読誦、メッカへ向けての礼拝や巡礼など）と同時に、各地域の社会や文化の伝統と結びついた多様性を併せもつ、という認識を共有している」（佐藤次高「イスラーム地域研究の新展開」『世界史の研究』２１０号、２００７年２月）という。

ウズベキスタンを含む中央アジアのイスラム教を理解するとき、近現代史において「ロシア帝国による植民地化」「ソビエト連邦への加盟という社会主義の洗礼を受けたこと」により文化が大きく変容したことを明確に把握すべきである。この厳然たる「事実（ウォッカ・ワイン・ビールを飲む、豚肉を食べる）」からくる「社会や文化の伝統と結びついた多様性」のあらわれという視点を見失うと、大きな誤解を生じてくると思う。その典型的な悪例が、ウズベキスタンの小さな日本人社会（外務省ＨＰ「ウズベキスタン共和国」によると在留邦人

「１３２人」〈２０１７年10月現在〉）でささやかれている『なんちゃってイスラム』である。

イスラム教の世界を考える場合、ロシア・中央アジアもイラン・イラク・エジプト・サウジアラビアも東南アジアもアフリカも、さらには中国・日本も各々独自の伝統・個性を持った歴史文化を形成・展開してきたのである。そうした多様性のある国々や地域の併存こそがイスラム教の世界の特徴である。「宗教の共生」は、そうした多様性を認めあうことである。

第５　休日問題について

休日の問題にも付言しておきたい。伊藤氏の「アラブのイスラム国家では金曜が休日だが、ウズベキスタンは日曜が休日で金曜は普通の労働日」であるという言説についてである。

伊藤氏には、イスラム教の休日についても大きな誤解がある。大塚和夫他編『岩波イスラーム辞典』（岩波書店、２００２年）の「金曜日」の項：執筆中田考）から少し長いけれど引用して紹介したい（傍点は著者）。

「金曜日　一週の第６日。金曜礼拝を行う日。（中略）この日の昼には一カ所に集まって礼拝をあげることが義務づけられることから、この名が付けられた。金曜日の集団礼拝については『コーラン』（62章の９節）に、〈信仰する者たちよ、集団礼拝の日（金曜日）の呼びかけがあったらアッラーを念ずることに急ぎ、商売から離れよ〉とあり、ここからこの章は金曜礼拝章（ジュムア章）と呼ばれる。ムスリム（イスラム教徒）の〝安息日〟と呼ばれることがあるが、キリスト教徒の日曜日、ユダヤ教徒の土曜日と異なり、仕事を休む日という定義はない。〈礼拝が終わったら、大地に散らばり、アッラーの恵みを求め、アッラーを多く唱えよ。きっとおまえたちは栄えるであろう〉（コーラン62章10節）とあるように、礼拝さえきちんとあげれば、商売に精を出すことになんら差障りはない。むしろ、礼拝後のモスクの周囲は多くの物売りで賑わう（以下略）」。

前述のように伊藤氏は「アラブのイスラム国家では、金曜日が休日」としてあたかもこちらを正統としウズベキスタンを異端のように論じているが、これは皮相な見方ではないであろうか。前述のように「多様性を認めあう」視点を見失ってはならないであろう。世界の5人に1人はイスラム教徒。複雑で流動する現代世界を理解するためには、まず『コーラン』を正確に読解した上での深い洞察力が求められると考える（〔コラム④〕金曜礼拝見学記参照）。

第6　女性の社会進出と独裁者を生む土壌について

伊藤氏の「女性の社会進出は遅れている。できれば女性は外で働かせない方がいいという考えが常識のようだ。男性が財布を取り仕切り、買い物にも男性が行く家庭が多いという。つまり女性は家から出るな、ということだ。その根底には、家族のリーダーは男の家長1人だけで充分であり、リーダーが２人いるともたないという考えがあるという。それが国家の政治の舞台でも『独裁者』を生む土壌につながっているようだ」（１５９頁）という論述への疑問である。

ウズベク人親族の話

伊藤氏の論はウズベク社会の「常識」なのであろうか。参考までにウズベク人の妻が家族や親族に確認した話を記しておきたい。私が10余年間親交を深めた妻の家族や親族の様子とはあまりにも乖離しすぎているからである。妻は、地方の農村やサマルカンドでも旧市街に居住している家族には、この「常識」が当てはまるかとも思うが、そうではない家族も多数いるので「常識」とは一概に決めつけられないと答えた。そして詳しく一般論から始めて妻の家族や親族の家庭の様子を話してくれた。

「先ず一般的に言えば、ソ連邦では男女平等を求める１９２０年代後半の共産党婦人部が推進した女性解放運動が社会に大きな影響を与え、女性の社会進出が政策的に奨励され前進した。ことに第２次世界大戦（独ソ戦争）では大きな犠牲を払ったこと（大木毅著『独ソ戦　絶滅戦争の惨禍』岩波新書、２０１９年によると「２７００万人が失われた」〈iv〉とされている――著者注）が女性の社会進出をさらにうながした。ウズベキスタンは出征兵士の３人に１人が未帰還といわれている。その原因は、スターリンがロシア人以外の民族兵をあえて激戦地へ送ったからだという話を聞いた記憶がある。この多数の未帰還者による男性労働力の不足を補うために多くの職種の女性進出が加速した。女性も男性と共に高い識字率を誇り、医療や科学にかかわる女性も増えた。それを可能にするためには幼稚園や保育園が完備された。

『女性の社会進出が遅れている』とは一概に言えない。まして『できれば女性は外で働かせない方がいいという考えが常識』とは到底言えないと思う。『男性が財布を取り仕切り、買い物にも男性が行く家庭が多いという。つまり女性は家を出るな、ということだ』というのも各家庭それぞれであり十把一絡げに言うことはできないと思う。また『家族のリーダーは男の家長1人だけで十分であり、リーダーが2人いるともたないという考え方があるという』のは根拠薄弱な推論だと思う。さらにウズベク人のこれらの発言を著者の伊藤氏は誰から取材したのでしょうか。ガイドのシュンコルさんから聞いただけと言うのならばあまりにも一面的で客観性に欠けていると思います」。

女性の社会進出についての関連記事

ウズベキスタンにおける「女性の社会進出」に関する妻の上述した批判については、第3者の所見による傍証が必要であるからそれを紹介したい。筆者はウズベキスタンを何回も取材で訪れている写真家の萩野矢慶記《はぎのやけいき》氏である。氏が２０１７年10月8日号の『しんぶん赤旗（日曜版)』の「地球の笑顔」の連載で、サマルカンドとリシタン（首都タシケント東部のフェルガナ地方の町）の子どもたちののびのびとした明るい笑顔のきれいな写真とともにつぎのように述べている。

「ウズベキスタンの家庭は共働きが多く、幼児は保育園や幼稚園に通う。小学校が4年、中学校5年、高校が3年制で、7歳から18歳までが義務教育になっている。識字率はほぼ１００%と高い」。

萩野矢氏の「家庭は共働きが多い」という記述は伊藤氏の見解とは異なるが、私はこれを支持する。一言だけ付け加えるとすれば「識字率はほぼ１００%と高い」ということである。それは学校教育の充実もあるが、その背景に「女性の社会進出」もあると考える。

ついでに電子辞書版の『日本大百科全書』（小学館）の「識字率」の項を見るとつぎのように書かれている。「読み書きの能力が低いことは、自給自足的な伝統的社会では大きな問題とならないが、科学・技術が発達し、生活様式が大きく変化してきた今日においては深刻な問題となる。」繰り返しになるが、「女性の社会進出」が盛んになれば、高度なコミュニケーション力が要求され、識字率が上昇することは自明ではないであろうか。

ウズベキスタンは「待機児童ゼロ」

2016年には、ネット上で「保育園落ちた。日本死ね」という匿名の投稿があり、話題となり国会でも議論された。しかし、新聞報道では2017年も現状は改善されるどころか、需要の増加により「待機児童」は逆に増えているという。

著者には幸か不幸か周囲に「待機児童」はいないので、その実態はどうなのであろうか。ところで妻にウズベキスタンには「待機児童」はいるのか、と聞いたら「いない」、すなわち「ゼロ」だという答えが返ってきた。詳しく聞いた結果を簡略に記したい。

ウズベキスタンの保育制度と育児

「ソ連邦の一国であったウズベク共和国時代は、第2次世界大戦で出征した兵士のうち3分の1は、ドイツとの激戦であったために未帰還でした。また無事に帰国できても手足の不自由な人が多くいたので、男性労働者が絶対的に不足していたために女性の社会進出が強く求められていたので、保育園を充実させ希望者は全員入園できた」と妻の母から聞いたという。

1991年に独立したウズベキスタン共和国では、保育園の名称が幼稚園に変わったが、入園の基準はほぼ従来通りだという。有職者（正規雇用と非正規雇用という日本の概念は良くわからないという―著者注）の児童は、立って歩けるようになれば、希望者は全員入園できる制度になっている。

私の叔母は幼稚園の先生を長いあいだしているが、決して高い給料とは言えないが収入は安定し、「先生」としての社会的評価は高いので、誇りを持って働いている。

また私の父や叔父は、妻と交替で子ども達の送り迎えをしていたという（これは著者には耳の痛い話であった）。ただ叔父の家族は、収入の良い定職をいくつか転々としたが、それでも満足出来ず米国のグリーンカード（米国で発行される外国人のための労働・永住許可証の通称）が取得できたので、ニューヨークへ移住した。そこでも子どもの送り迎えを含めて叔父が世話をしているという。

第７　経済発展について

最後に若干指摘したいことがある。それは、「ここ５～６年、国内総生産は毎年７～８％の高い水準で成長している。このため生活水準も急速に上がった。子どもを安心して生むことができるようになった。１９８８年に１６００万人だった人口は倍の３２００万人に増えた。貧困層が中流に上がり、今は国民の８割が中流だ。大金持ちはいないが極端に貧しい人もいない。かつて自家用車は10世帯に１台だったが、今は各家庭に１～２台ある」（１６１頁）という記述である。

前著『ウズベキスタン』で、「ウズベキスタンが自動車ばかりか電化製品を生産していること」（同書166頁〜167頁）を紹介した。一方同書「コラム⑧」で「初めてサマルカンドで眼にしたウズベク人のホームレスの衝撃」（129頁〜132頁）も書いた。

どうしても私の生活実感と伊藤氏の記述は整合しない。毎年夏に里帰りしたり、スカイプで実母や妹と会話をしている妻に実情を聞いてみた。①「国内総生産は毎年7〜8%の高い水準で成長している」というのは、「あくまでも『政府統計』でプロパガンダでしょう。」②「国民の8割が中流だ。（中略）かつては自家用車は10世帯に1台だったが、今は各家庭に1〜2台ある」。「それはおとぎ話のような現実離れした話で農村部を含めての全国的な数字なのかいぶかしい」という。もしそれが正しいとしても「実体経済」の成長の成果と言うよりも「出稼ぎ」による海外からの家族への送金によるものだと強い口調で述べた。以下3点について補足したい。

A「経済成長率について」

須田将氏は「第44章　カリモフ政権の長期支配と権威主義体制の持続性」（『60章』所収）においてつぎのように述べている。「経済成長率は2004年から8%前後を維持したとされる（後にミルズイヨエフ第二代大統領は8%成長とは作り話だったことをあっさり認めた）」（287頁）。これは安倍政権下の厚生労働省のデータ改ざんが明らかにされたことを想起させる。カリモフ政権下でも「作り話」であったのである。統計不正という「作り話」は、政権が長期化すれば、「洋の東西を問わず」起ることなのであろう。須田氏の取材力に敬意を表したい。

B「自動車の保有台数について」

『世界国勢図会　2018／19年版』（編集・発行矢野恒太郎記念会、2018年）の「自動車の保有台数」によれば「2016年ウズベキスタン」は「人口1000人あたり74台」と記録されている。この数字からどうしてウズベキスタンは「今は各家庭に自家用車が1～2台ある」といえるのであろうか。なんら客観性がない。

C「外国への出稼ぎによる海外送金について」

堀江典生氏の「第50章　海外に活路を見出す出稼ぎ労働者たち」（『60章』所収）につぎのような記載がある。

「ウズベキスタンは、中央アジア最大の労働移民送出国である。最大の受け入れ国であるロシアの連邦移民局が公表した在露ウズベク人数は、2015年1月時点で221万5千人である。（中略）2013年の推計で、ウズベキスタンからの労働移民の6割がロシアで働き、カザフスタンとウクライナで3割弱が働いているという。労働移民の向かう先は、旧ソ連邦時代からの歴史的、政治的文脈や社会的紐帯を色濃く反映している」（312頁）。「韓国政府は、ウズベキスタン政府との間で労務輸出に関する覚書きを結んでいる。韓国では、2007年～2012年までで累計1万8千人の労働者をウズベキスタンから受け入れている」（313頁～31

４頁）。なお、さらに興味深い記載があるのでそれを紹介したい（傍点は著者）。
「ロシア中央銀行によれば、２０１４年、ウズベキスタンは55億８１００万ドル相当の海外送金をロシアから受け取っている。これはウズベキスタンのＧＤＰ（国内総生産）の約1割弱を占める。（中略）ロシアからの海外送金がウズベキスタン経済に与える影響は大きい。出稼ぎ労働を行う動機は、母国の貧困下にある家計を支えるためであると考えられている。ロシア中央銀行によれば、ロシアからの海外送金の主な目的は、家族の日常の支出のためであるという」（３１４頁）。カザフスタン・ウクライナ・韓国からの海外送金額は残念ながら不明である。また人気の高い米国は、外国人に発行する労働・永住許可証をなかなか出さないが、それでも幸運な私の教え子の1人と親族1家族が語学力のハンデをものともせず渡米し元気に暮らしている。

　以上のような重要な経済問題についても伊藤氏の取材不足と認識の甘さを感じる。それはおそらく「モスクワに出稼ぎに出かける国民を『怠け者』と嘲弄し、（中略）不快感を示した前カリモフ大統領」（『60章』３１３頁）に忖度してガイドが話さなかったことによるのかもしれない（追記①ロシアへの出稼ぎ参照）。

第8　細かい記述の疑問やミス

写真12　アルク城の城門

なお細かいことであるが、疑問やミスが散見される。気づいた点のみ列挙したい。

①「安禄山はサマルカンド生まれのソグド人だ」（143頁）という断定的な記述は何を根拠にしているのであろうか。私は初見である。㋑『日本大百科全書』（小学館）は「出自は伝説的」とする。その筆者は唐代史の碩学・菊池英夫氏である。㋺『世界歴史事典』（平凡社、1956年）「安禄山」〈705～757〉の項：執筆鈴木俊）には、次のように記されている。「唐代の叛臣、ソグド系の人。新旧『唐書』の安禄山伝に営州柳城（熱河朝陽附近）の胡人もと姓氏なく、のち姓を安、名を禄山とした」とある。これには出自に関しては述べられていない。㋩また最近の森部豊著『安禄山』（〈世界史リブレット〉山川出版社、2013年。14頁）によると「誕生の地をモンゴリアと考えている」とある。伊藤氏は「サマルカンド生まれ」とする根拠を示してほしい。

②「〈ブハラのアルク城（写真12）は〉1920年にソビエト赤軍に爆撃され一部を破壊された跡が今も残る。だから住民の旧ソ連に対する感情は冷たい」〈145頁〉という記述は真正であろうか。約100年後の

現在、ブハラ市民がそれを理由として「反ソ感情」を持っているといえるのであろうか。一つの現象で市民全体の感情を表すことは少し単純すぎると思う。

逆にソビエト赤軍が専制的な旧支配者のブハラ・ハン国を滅亡させてくれたという歓迎の意見も存在するのではないか。上記の『日本大百科全書』によるとブハラ・ハン国は「20世紀に入ると政治、社会制度の近代化を求める改革運動が芽生え、それはロシア革命と合流して、1920年の革命とブハラ人民ソビエト共和国（1920年〜24年）の樹立に結実した。（小松久男）」とある。

③ カリモフ大統領を「経済学者出身」（162頁）とするのは正確ないい方ではないと思う。正しくは「エンジニア出身で、ソ連時代にゴスプランの経済官僚として頭角を現した」（『中央ユーラシア』「カリモフ」の項：執筆帯谷知可）という記述が正確である。

④ 「（ナボイ劇場の）切符売り場にはこの日の演目が書いてあった。チャイコフスキーの『白鳥の湖』とビゼーの『ラ・トラビアータ』」（167頁）は、本当のことであろうか。ジャンルのまったく異なる「バレエ」と「オペラ」の同日2演目公演は寡聞にして私は知らない。この疑問が生じたのは、『ラ・トラビアータ』（椿姫）の作曲者は、ビゼー（1838〜1875）ではなくヴェルディ（1813〜1901）であるという初歩的なミスが見られるからである。

⑤ タシケントのナボイ劇場の建設と日本人捕虜との関係についての記述は不十分である（167頁〜168頁）。

追記①　ロシアへの出稼ぎ

本稿の中でウズベキスタン経済に占める外国ことにロシアからの送金の比率の大きさに言及した。その例証として不幸な事故ニュースだが、『朝日新聞』２０１８年1月19日付の「国際面」に掲載された記事を引いて参考に供したい。ただし写真は省略した（傍点は著者）。

「出稼ぎバス出火　乗客ら52人死亡　カザフスタン

ロシアメディアの報道によるとカザフスタン西部のアクトベ州で18日、走行中のバスで火災が起き、乗客・運転手計57人のうち52人が死亡した。タス通信によると、死亡した乗客は全員カザフスタンの隣国ウズベキスタンからで、出稼ぎのためカザフスタンを通過してロシア南部カザニへ向かっていたという。

同通信はカザフスタン内務省の話として、バスから脱出できた5人のうち、３人は運転手だったと伝えた。火災の原因は不明。火災で乗客はパニックに陥り、逃げ遅れた可能性が高いという。バスは旧ソ連地域で広く使われている１９８９年製の車両だった。（モスクワ）」

追記② 急激なインフレ

私は、2018年4月にサマルカンド→ブハラ→ヒヴァ→タシケントを8日間で巡るサマルカンド直航便をチャーターしたツアーに参加した。(本書所収第4章第3節「発展するサマルカンドを見て」参照)。そのガイドがなんと私のサ外大における最初の教え子の1人であるトルキン君であったのでお互いにとても驚いた。30歳を少し過ぎて2児の父であるという。日本語がとても上手で、ジョークを連発するから同行の人々から大好評をえた。

さて、その時のトルキン君との話。「カリモフ大統領最後の数年は、ウズベキスタンのGDP(国内総生産)は毎年7~8%成長している」という。私が「信じられない。政府のプロパガンダではないか」というと「いや新しいミルジョエフ大統領は、政治の透明性を大事にしているから正しい」と答えた。その後私は前述したようにミルジョエフ大統領が「作り話」といっていることを知ったが、彼の認識は現在もそのままであろうか。

しかし、彼がとても面白いのを見せてくれた。それは現在の最高額紙幣だという「5万スム札」である。彼の財布には、30枚くらい新札がびっしり入っていた。かなり流通しているという。2014年夏に私がサマルカンドへ行った時の最高額紙幣は「5千スム札」であった。市民も「5千スム札」の新札にはびっくりしていた。まだあまり市内では流通していないという。珍しいので義妹のザリーナさんが、2枚お土産にくれた。

それがたったの3、4年で最高額紙幣が10倍の「5万スム札」になっていた。ものすごいインフレなのであろう。庶民生活はさぞかし大変であろうと想像する。伊藤氏が言う「ウズベキスタン国民の8割が中流だ」や「今は一家に自家用車が1~2台ある」はますます信じられなくなった。トルキン君のようにおそらく米ドルでガイド料をもらっている人は恵まれているが、貨幣価値がどんどん下落している現地通貨「スム払い」の公務員・会社員・年金生活者・小店主・バザールのおじさん・おばさん達、さらに農民達の暮らし向きは一体どのようになっているのだろうか。単なる観光客には理解できなかった。

帰国して妻バルノにサマルカンドに住んでいる実父母の生活ぶりを聞いた。それによると「スム払い」でもらう2人の年金では、食費を切りつめてなんとか最低の生活をしているという。そのため母は、米国の就労ビザが取得できれば、すぐにでも米国に行き仕事をしたいといっているという。ちなみにウズベキスタン国内の人々の多くが、米国のグリーンカードや就労ビザの取得を希望している。しかしタシケントにある米国大使館へ書類を提出し面接を受けることだけでも大変で順番待ちだという。後日談。義母は、面接を受けたが、不運にも米国での就労ビザが取得できなかったという。

追記③　最高額紙幣

私は、前述の義妹ザリーナさんに妻のスマホを借りて現在のウズベキスタンの経済事情を2019年3月19日夜に取材した。それによると「今年3月初めから現地通貨『スム』の最高額紙幣がなんと「10万スム札」（公式レートでは12米ドル相当。当日の日本の為替レートは、正午現在1米ドル＝110・76円）になったという。私の経験からいうと最高額紙幣が、2014年夏「5千スム札」→2018年4月「5万スム札」→2019年3月「10万スム札」になったわけである。約5年間でなんと「20倍」である。インフレになれっこになっているから彼女は、ニコニコ笑って新札のデザインをスマホで見せてくれた。小児科医であるからまだそれでも生活は良い方なのかもしれない。年金生活者である義父母の暮らしぶりを聞いたが、私に心配をかけたくないと思ったのか「何とか食べている」という返事であった。ハイパー・インフレとまでは言えないが、ものすごいインフレが庶民生活を脅かしていることは事実であろう。

追記④　飲酒

本文で〔多様性のあるイスラム世界〕について書いた。最近それを補完するイランのイスラム教（全人口の99％はイスラム教徒であり、その大部分〈89％〉はシーア派を奉じている）に関する貴重な情報を２０１８年４月にウズベキスタンをいっしょに旅行した井口氏からお手紙（２０１９年５月20日付）でご教示いただいたのでそれを紹介したい。「４月に待望のイランを夫婦で旅行してきました。現地ガイドのディーバさんの話によるとイスラム教の戒律については礼拝は緩く、お酒についても民衆の２，３割は政府に隠れて嗜んでいるようです。密造酒とトルコからの密輸で個人的な結婚式などでは飲んでいるそうです。私の経験では、旅行者に対してはノンアルコールビールだけが供せられた。どんな高級ホテルも同様です。」

著者の昔の知識では逆で旅行者は、ホテル内だけはアルコール類が飲めたと新聞記事で読んだことがあるので驚いた。余談になるがウズベキスタンでは、旅行中夕食のレストランで地元産のワインを痛飲したことがつい昨日のことのように思い出された。

日本では、ウズベキスタンは経済的に発展が遅れていると考える人が少なからずいると思われるが、長時間労働による「過労死」は存在しないし、「待機児童ゼロ」である。どちらが本当に〝豊かな国〟と言えるのか、問題の根は深いと考えざるをえないのではなかろうか。

本書の一読を薦めていただいた渋谷民主商工会副会長の齊藤学氏に心より感謝する。

〔コラム③〕金曜礼拝見学記

私のサマルカンドの勤務校（サ外大）時代の「金曜礼拝」の見学を記録しておくのも無駄ではないだろう。非常に熱心に私の日本文化や日本語の課外授業に参加していた男子学生がいた。その彼が、しばらくしてから毎週金曜日の午後の授業を欠席したいと申し出てきた。私の課外授業の原則は「来るものは拒まず、去る者は追わず」なので、毎回「わかりました」と答えて欠席を許可していた。しかし、不思議に思ってあるとき、彼に「なぜ普段真面目な君が毎週金曜日の午後、決まって欠席するのか」と聞いてみた。すると彼は、大学近くのモスクで「午後1時から金曜礼拝があるので、参加するためです」と教えてくれた。以前『岩波イスラーム辞典』（岩波書店、2002年）を読んで「金曜礼拝」のことは知っていたから翌週金曜日の午後の授業は「休講」にして、彼にあるモスク（うっかり名前を聞くのを忘れてしまった）で開かれている「金曜礼拝」に同行し遠くから見学させてもらった。

イスラム教の最盛期には、もっと大きなモスクが使われていたのであろうが、異教徒である私には、意外に小さいモスクなので驚いたが、サマルカンド市内から続々と集まるイスラム教徒は、丁寧にサンダルや靴をぬぎ、かたわらの水道の水で、心を込

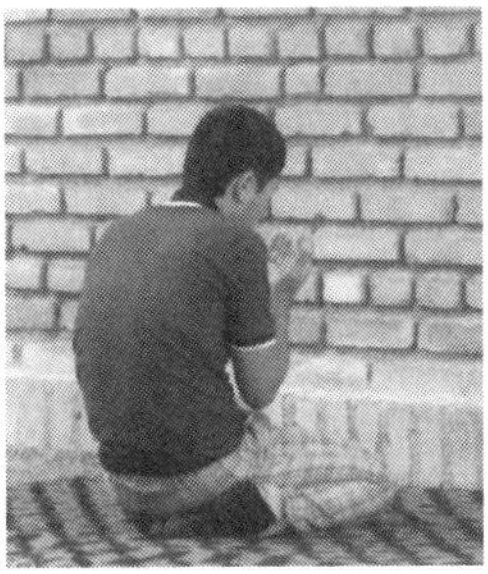

写真 14　金曜礼拝後１人で祈る信者

写真 13　金曜礼拝

めて顔や手足を洗い口をすすいで身体を清めた後、床や地面に敷かれたカーペットの上で決められた作法でイマーム（モスクの導師）に導かれて礼拝していた（写真13）。街路にはみ出して地面にカーペットを敷いて礼拝している人もいた。約１時間ほどの集団礼拝が終わると全員、自分の履き物を誰１人として間違えないよう整然と静かにモスクを後にして、それぞれの「正業」に復帰していった。中には祈りが足りないと思った信者は、モスクの壁に向かって黙々と祈りを捧げる姿がきわめて印象に残った（写真14）。これが本来『コーラン』が言う「金曜礼拝」なのだと思った。

口はばったい言い方になって恐縮だが、異文化ことに異宗教のことを理解するには、伊藤千尋氏のような短時日のかけ足旅行ではできないことではないかと考える。「毎週金曜日の午後、授業を欠席して、けしからん」という〝上から目線〟ではえられない非常に貴重な経験をさせてもらったと、彼には感謝している。

〔コラム④〕クロポトキン著大杉栄訳『相互扶助論』のすすめ

「経済格差」「地域格差」「年金・社会保障問題」「自己責任論の横溢《おういつ》」などで生き苦しくなっている日本社会の問題解決の1つの考え方を提示した古典的な著作を紹介したい。

拙著の出版社である同時代社が、奇しくもピョートル・クロポトキン著大杉栄訳の『相互扶助論』の〈新装〉増補修訂版（2017年）を出版した。その帯には評論家（神戸女学院大学名誉教授）で著名な内田樹氏が、次のような推薦文を寄せている。

「『相互扶助論』をぜひお手にとって頂きたいと思っています。クロポトキンは、相互扶助する種はそうしない種よりも生き延びる確率が高いという生物学的視点からアナーキズムを基礎づけようとしました。なぜアナーキズムが弾圧されたのか、その理由が読むと分かります。国家による『天上的介入』抜きで市民社会に公正と正義を打ち立てることが出来るような個人の市民的成熟をアナーキズムは求めました。『公正で雅量ある国家』を建設するより前に、まずその担い手たる『公正で雅量ある市民』を建設しようとしたことに国家は嫉妬したのです」。

著者クロポトキン（１８４２〜１９２１）も訳者大杉栄（１８８５〜１９２３）もそしてアナーキズムという語句もなつかしいが、戦後１９６３年から65年に現代思潮社から出版された『大杉栄全集』第６巻に収められた『相互扶助論』（原著は１９０２年にイギリスで発行）はとても難解で私は積ん読であった。今度同時代社編集部によってなされた「増補修訂版」は、その編集方針として「表記を新漢字・新仮名遣いに改めるとともに、今日の読者にとって著しく理解がむずかしいと思われる若干の語句を現代語に置き換える措置をとった。また、今日あまり使われない語句については、辞書が引けるように、適宜ふりがなを振った」（３頁）のでとても読みやすくなった。

第3章

歴史と街と人の暮らし

第1節　サマルカンドの古名はマラカンダ――アレクサンドロス大王の東征――

サマルカンドは、中国の長安（現西安）とローマを結ぶ東西の交易路いわゆるシルクロードのほぼ中央に位置している。またそこは北はロシア、南はインドを結ぶ交易路が通っていた。そのために「文明の十字路」としてユネスコの世界遺産に登録された。２００１年のことである。

少しでも歴史に興味をいだく人にとって〝サマルカンド〟という言葉の響きに魅了される人が多いのではないでしょうか。いつか読んだシルクロードのオアシス都市の興亡の物語、ＮＨＫのテレビ番組『シルクロード』で見たブルーのタイルを貼り詰めたドームの写真（口絵1、2参照）、あるいは中央アジア旅行のパンフレットの1ページなどから…。

〝青の都〟〝東方の真珠〟〝イスラム世界の宝石〟などの美称を持つサマルカンドに、著者は十年余りボランティアの日本語や日本文化の大学教員として暮らした。それは長いときで3年間、短いときは夏休みの1～2ヵ月間である。そこでの貴重な経験や見聞は『〈青の都〉と『ウズベキスタン』という2冊の本としてまとめた。

このエッセイでは、それらには書かなかったサマルカンドの歴史に焦点を当てて〈シリーズ〉として2編綴ってみたいと思う。ただ何処まで拙文で魅力が伝えられるか心もとないのだが、ご海容ください（本書所収第4章第2節「〈青の都〉サマルカンドの魅力」参照）。

サマルカンドが歴史上初めて姿をあらわすのは、アレクサンドロス大王の東方遠征を記録した歴史書（後述）であるが、その前に彼の事跡の全体像を『広辞苑』の記述によって概観しておきたい。

「アレクサンドロス（3世）大王。マケドニア王フィリッポス2世の子。20才で即位、ギリシアを支配し、ペルシア王ダレイオス3世の軍を破り、シリア・エジプト・ペルシアを征服、さらにインドに攻め入ってバビロンに凱旋、翌年没。王によってギリシア文化ははるか東方に伝播。アレキサンダー大王。（前356～前323）」とある。

「まとまったかたちで現存しているアレクサンドロス伝としては、ローマ時代に書かれた5編の作品がある。その中でもっとも信頼性の高い「正史」として別格にあつかわれたのが、後2世紀の政治家・軍人アリアノスの『アレクサンドロス大王東征記』全7巻である。」（澤田典子著『アレクサンドロス大王―今に生きつづける「偉大なる王」―』〈世界史リブレット〉、山川出版社、2013年、4頁）。

ちなみに本書は、「リブレット」とあるように全文約90頁でありながら図版や頭注が充実しており、かつ古代から近現代の欧米社会のみならずイスラム世界をも視野に入れて叙述している（69頁～70頁）。驚くべきは、オリバー・ストーン監督、主演コリン・ファレルのハリウッド映画『アレキサンダー』（２００４年、日本公開は翌年2月）を取り上げ、「マケドニアの制度化された同性愛」（81頁）も論じていることである。

さて話をもとに戻したい。先記の『アレクサンドロス大王東征記』は、「インド誌」を巻末に併収した大牟田章訳の岩波文庫本上下２巻（２００１年。以下文庫本と記す。）があるので、著者のようなギリシア史の門外漢でも容易に読むことができる。

前３３４年春、アレクサンドロスの大遠征軍は、ヘレスポントス海峡（現ダーダネルス海峡）を多くの輸送船で渡った。そのときの兵力については「軽装兵、弓兵を含めて三万を多く出ない数の歩兵と五千騎余の騎兵」（文庫本上巻67頁）と記している。アケメネス朝ペルシア（前５５０～前３３０年）を討つ、10年におよぶ東方遠征の幕開けである。

そして酷寒のヒンドゥークシュ山脈を越え、バクトリアの灼熱の砂漠を踏破し、ついに前３２９年夏、現在のウズベキスタン領の「ソグディアナ地方の王宮があるマラカンダ〔サマルカンド〕」へと軍を進めた」（文庫本上巻２６１頁）。〔サマルカンド〕は訳者による補足である。それに訳者は、文庫本上巻４３７頁の訳注（１６２）として次のように記している。「今日のウズベキスタン共和国の首都サマルカンド。ザラフシャン川流域の、古来豊かなオアシス都市で、ソグディアナ地方の首邑だった」（傍点をした「首都」は誤記。ウズベキスタンの首都はタシケントである。――著者注）。

アレクサンドロスは、「マラカンダ」などをめぐる地元住民の頑強な反撃やゲリラ戦に苦しみ―文庫本上巻270頁に「アレクサンドロス自身も頭と頸筋に石弾をはげしく撃ち当てられた」とある―ながら前327年春、ようやくこの地を制圧した。2年におよぶ苛烈な平定戦は、文庫本上巻266頁～280頁に詳述されているが、「マラカンダ」は数回出てくる。

その遺跡は、1220年のモンゴル軍の攻撃で町の人口の4分の3以上が殺され、水路が完全に破壊されたために現在では廃墟になっているサマルカンドのアフラシアブ遺跡（口絵7参照）の地下に埋もれている。その「最も古い遺構は、城内北部に残る前7～前6世紀のもので、アレクサンドロス侵入以前のマラカンダ市に当たる」（『中央ユーラシア』「アフラシアブ遺跡」の項：執筆林俊雄）と考えられている〈短歌雑誌『運河』2018年6月号掲載のものを改題して補筆した〉。

第2節　サマルカンドの星の輝き——ティムール帝国の首都——

サマルカンドの興廃を述べる際、よく「チンギス・カンは破壊し、ティムールは建設した」といわれる。〝サマルカンドの星〟と称されたティムール（1336～1405、口絵18参照）は、1370年に政権を握ったが、首都は出身地に近いシャフリサブズ（ペルシア語で「緑の都」の意味。世界遺産登録）ではなく、サマルカンドに定めた。これが実に賢明であったことは、しばらくそこで暮らしてみてよくわかった。夏の気候が、ドライで涼しくしのぎやすいのである。東京の耐えがたい蒸し暑さとは雲泥の差である。

そして、ティムールは、チンギス・カンによって1220年徹底的に破壊されたマラカンダ以来繁栄してきた旧市街を放棄（現在そこはアフラシアブ遺跡（口絵7参照）として保存されている）し、新たにその西南に新しい市街地を建設したのである。

ティムールは、生涯ほとんどを戦場で過ごしたといわれるほど絶え間ない征服活動をくり返し、中央アジアで歴史上最大の版図を持つ「ティムール帝国」（1370～1507）を1代で築きあげた。その支配下においた領域は、現在の国名でいえば中央アジア5ヵ国、アフガニスタン、北インド、イラン、イラク、シリア、トルコの一部などにおよんだのである。

征服地に対する破壊の徹底ぶりは、チンギス・カンをはるかにしのいだともいわれている。たとえばイランのイスファハンを攻略した時は、住民7万人を皆殺しにし、生首のピラミッドを作らせたといい伝えられている。またシリアのダマスカスを徹底的に略奪し、イラクのバクダッドに引き返して、この大都市を、かつての栄光をいささかもとどめぬ焦土と化した。

そして、モンゴル帝国の再建を目指し、1404年末20万の大軍をもって中国の明王朝（永楽帝）への遠征に出立した。だが、アラーの神は、ティムールに生命の力を余分に与えることはなかった。厳冬、大河シルダリア川をおおった堅い氷を踏み越えてカザフスタン南部のオアシス都市であるオトラルに着いたティムールはここで発病し、翌年2月18日の夜、永遠の眠りについた。亡骸《なきがら》はサマルカンドのグリ・アミール廟（口絵1参照）に葬られている。サマルカンドに輝き続けた星はついに消え去った。

ティムールは、戦いに明け暮れる一方、上述の征服地から学者や文化人、芸術家や職人を強制的にサマルカンドに移住させてイスラム教の普及に努め、学芸を奨励し、商業貿易の発展に留意した。現存するビビ・ハヌム・モスク（イスラム教の礼拝堂）、グリ・アミール廟、シャヒ・ズインダ廟群などはティムール朝文化の精髄である。ちなみにサマルカンドを代表する世界遺産のレギスタン（ペルシア語で「砂地」の意味）広場（口絵10参照）の三つのマドラサ（イスラム教の神学校）は、ティムールの孫であるウルグ・ベクなどが建設したものである。

そのうちもっとも著名な「ビビ・ハヌム・モスク」について少し詳しく書いておきたいと思

う。ティムールがこの金曜礼拝（本書122頁参照）の行なわれるモスクの建設を思いついたのは、1399年のことで、インド遠征において壮大な聖地の遺跡を眼にした彼は、それに勝るとも劣らぬものを作ろうとした。自ら工事の監督をするほどの身の入れ方であったといわれている。

インドから連れ帰った多くの象や多数の石工を使役して建物はいったんは完成をみたが、1404年に西アジア方面の遠征から帰国したティムールは、これに満足せずやり直しを命令した。翌年完成したモスクは、109メートル×167メートルのプランで、表門は高さ33メートル。門を入ると、廻廊に囲まれた中庭の正面、巨大な前壁の奥に大ドームを持つ主建築が位置している。あまりにも完成を急がせたことから随所にいわゆる「手抜き」工事のあとが見られ、完成後間もなくひとつの事件があった。それは一人の礼拝者の上にレンガが落下してきたことである。これを手始めにこの建物は次々に崩壊していく運命をもった。1897年の地震によって、建物は致命的な損害を受け、ドーム部分の崩壊が一層早まった。壁面は崩れ、色タイルははげ落ち、手の施しようがないほど壊れてしまったのである。けれどもソ連邦時代の1970年代から修復事業が続けられて一応完了し、オリジナルのプランに比べると不完全であるが、創建当時を彷彿とさせる雄姿を訪れた人に見せている（「ビビ・ハヌム・モスク」については、主に『中央ユーラシア』「ビビ・ハヌム・モスク」の項：執筆堀川徹〉を参照した）。

この数奇な運命をたどった「ビビ・ハヌム・モスク」には有名な伝説がある。ティムールのインド遠征の凱旋にこたえて、妃ビビ・ハヌムはその功績に報いるために壮大なモスクを贈ることにした。しかし、あまりの巨大さに彼の帰国前に完成させることは難しかった。妃は工事を急ぎに急がせた。

そんなある日、かねてから密かに恋い焦がれていた若い建築家がとうとう押さえきれず、妃にたった一度の接吻を求めた。『これ以上私は働けません。どうか私の悩みを解きほぐして下さい』と懇願した。当代随一の美男建築家の求愛に完成を急ぐ妃の心は大きく揺らいだ。妃はついに折れ、頬は建築家のもとに。そしてそのキスの跡が「アザ」になってしまった。凱旋したティムールは、壮麗なモスクと寵妃ビビ・ハヌムの「アザ」をみてしまった。激高した彼の復讐やいかに？　その結末は読者の皆様のご想像におまかせしたい。〈短歌雑誌『運河』2018年8月号掲載のものを改題して補筆した。〉

【付記】宮崎市定著　礪波護編『東西交渉史論』（中公文庫、1998年）の1編に「帖木児王朝の遣明使節」という論文があるのを不明にして知らなかった。恩師日高普法政大学名誉教授著『精神の風通しのために―日高普著作集―』（青土社、2011年、本書「あとがき」参照）に収められた同書の書評を最近再読して気がついた。

〈資料5〉サ外大「日本文化センター」の歴史

サ外大オゾダ先生

2000年、Sunagawa Yoshikazu 先生により、サマルカンド国立外国語大学（以下サ外大と略します）において「日本文化センター」（写真15）が開かれた。自分のポケットマネーで「日本文化センター」を開いたSunagawa 先生は、1年を経て、2001年に日本に帰国しました。そのあと山本雅宜、Okawa Hiroshi 先生がそして中島章子先生が「日本文化センター」での活動を継続しました。それを契機に、次から次と日本人の教師がサマルカンドを訪れ、日本の言語だけでなく、日本文化、歴史などが教えられ始めました。胡口靖夫、Konno yasushi, 水野慶三郎、谷岡みどり、中村資、岩崎貴江、土屋弘子、川添光子、新海啓一などの教員が活動しました。

上記の先生方により、日本語弁論大会が行われ、当時はサ外大で日本語を第2、あるいは第3外国語として学んでいた学生たちの中から優秀な学生たちが出てきました。彼らが日本の人気のある京都大学や早稲田大学などの大学院に入学し、日本の会社などにも就職できました。サ外大で日本語は10年ぐらい第2、あるいは第3外国語として学習者たちが学んでいました。

２００８年９月に至り、サ外大において初めて日本語学科が出来ました。最初、12人のウズベク語グループで開かれ、次の年からは、ロシア語グループでも開かれました。

当時サ外大の学長であったSafarov Sh先生のご協力で、日本人教師・松井先生（女性、ＪＩＣＡ）と現地人教師のBerdikulova N（２００５年から）とAchilova O（２００５年から）達の努力の結果として、日本語学科が開設できました。それ以来、ボランティアの鈴木先生、松井先生（男性）、伴内先生、朱美先生、天野先生、氏家先生（ＪＩＣＡ）などが活動しました。日本語学科の教材はまだ不十分であったため、現地人教師のAchilova O（２００５年から）の挑戦で、日本のTOSHIBA株式会社から数多くの教材と１台のＰＣ（DELL）が寄付され、初めて「日本文化センター」でＰＣがネットに接続されました。

写真 15　日本文化センター入口のプレート

サ外大は、日本の筑波大学と国士舘大学との交換留学生の協定を結んでいます。ちなみに、福岡・ウズベキスタン協会がサ外大と「福岡留学生招待事業」について〝協定〟を結んだのは２００９年で、第１期生はムカラマさんでした。〈『福岡・ウズベキスタン友好協会ニュース』№．１５８、２０１９年６月２日発行から転載。〉

写真 16　日本文化センターでの授業風景

【付記】このレポートの冒頭に登場した砂川義一先生は、多額の私財をなげうってサ外大に「日本文化センター」を開設されたと山本雅宣先生からお聞きしました。それによって大きな本棚、ホワイトボード、教室用の机と椅子が多数購入されたほか京都・醍醐寺の桜や瀬戸内海そして富士山と新幹線などの風景ポスターが掲示された。「日本文化センター」は、日本関連の図書室、日本語授業用の教室（写真16）、学生たちの自習室など多用途ルームとして活用されています。サ外大日本語学科の礎を築いてくださった功績は多大なものがあります。私は、先生とは、面識はありませんが、このレポートをどこかでお読みいただければ幸いです。この場をお借りして心から感謝を申しあげます。

コラム⑤　「教師の日」という祝日

世界各国には、それぞれの国柄を表す独特な祝日がある。サ外大に赴任した最初の2003年10月1日のことである。当日が祝日であることを知らない私は約束どおり授業をするために出勤した。そこへ教室で待ち構えていた学生たちから突然「おめでとうございます」と言われて、バラの大きな花束をプレゼントされた。

意味がまったくわからず私はキョトンとしていた。私は神奈川県立の定時制高校の教員時代、自分の指導の落ち度があったのか、廊下で4年生の男子生徒とトラブルになり、激高したその生徒からだしぬけに拳骨で顔面を1回強く殴られたことがある。周りに2、3人いた同級生から「それ以上やると退学になる」とその生徒を制してくれたので、そのまま事なきを得た。私は生徒指導部にも校長にも報告しなかったので、「事件」は表沙汰にならずその生徒は無事に卒業した。したがって教え子から「おめでとうございます」と言われたことのないごく普通の高校教員であった。そのためにその〝待ち伏せ作戦〟にあっけにとられたのである。

「教師の日」という祝日は、ソ連邦から独立後に制定されたという。教師という職業は、知識層（ロシア語でインテリゲンチァ）として社会的に尊敬される「美風」が、現在でもウズベキスタンでは継承されているのであろう。日本でもかつて戦後民主主義教育が盛んであったころは、ウズベキスタンのような「美風」があったと思う。懐かしきかぎりである。現在の教師による教師の〝いじめ〟は狂気の沙汰といわざるをえない。

第3節　ウズベク人のもてなし好き

ウズベキスタンの諺に「客は父より大切に」というのがあるそうである。これに象徴されるようにウズベク人は、とにかくもてなし好きであり、特に遠来のお客さんに対してはそうである。

某女性タレントが２０２０年の「東京五輪」の招致活動で見せた作り笑いと手振りで「お・も・て・な・し」とパフォーマンスしたあのわざとらしい嫌らしさは微塵もない。

数年前ある新聞が「あなたは家に人をよぶのが好きですか、きらいですか」というアンケートを実施し、その集計結果を紙面で掲載したことがある。はっきりとしたデータの数字は覚えていないが、好きと答えた人よりも嫌いと答えた人の方がかなり多かったので私は驚いた。その理由を順不同で列挙する。

①家が狭いので人を呼べない。
②呼ぶための掃除が面倒。
③そろった食器がない。
④せっかく料理をお出ししたのにまずいと言われたことがある。

⑤料理に自信がない。
（以下略）

前著『ウズベキスタン』の表紙を見て、よく「この若い女性は胡口さんの奥さんですか」と質問されることがある。私は「違います」と明確に答えて撮影の裏話をかいつまんですることにしている。ここからウズベク人のもてなし好きの話を書き進めることにしたい。

サマルカンド市街地は、大きく分けて世界遺産で有名なレギスタン広場を中心とするイスラム教徒が多く居住する旧市街と1868年以後入植してきたロシア人が建設した新市街（ロシア街）からなっている。特徴はガイドブックの地図を見て明らかなように自然発生的に形成された旧市街は、迷路のように入り組んだ道路と袋小路が多い。

一方、高く大きな街路樹が並ぶ大通りが貫通する新市街は、放射状に真っ直ぐのびる道路と計画的に結ばれた直線の横町によって構成されている。治安がよいから昼間は、地図1枚あれば旅行者でも自分の現在地を見失うことはない。

けれども旧市街はそうは問屋が卸さない。治安が決して悪いわけではないが、特にビビ・ハヌム・モスク前のタシケント通りから東側の地域に著者は足を運んだことはなかった。迷子になっても言葉が通じないので、出てこられなくなるのではないかという不安から入り込めなかったのである。それでは〈青の都〉サマルカンドに暮らしたとはとても言えないので、201

3年8月のある日曜日の午前中、サ外大日本語教師のディルショダ先生に案内をお願いした。
ある露地を通りかかったとき、大きなハウリ（中央アジアのオアシス定住民の伝統的な家。敷地の四方が塀で囲まれ、家屋は□の字型に構成され、ドアや窓は広い中庭に向かって開いている）の開かれた鉄扉前にある日陰のベンチに座った数人の中高年の男性が眼に入ってきた。暑いのでチャパンという厚手の布地の黒っぽいコートを着ている人はさすがにいないが、全員黒地に白い糸で刺繡したドッピという男性用の民族帽をかぶっている。私は直感的にお葬式かなと思った。

ディルショダさんに早速聞いてもらった。「お葬式ではありません。ここの家の家長であったお祖父さんの何週目かの故人を偲ぶお茶会のために待っているところです。」と彼女は通訳してくれた。私は持ち前の〝なんでも見てやろう精神〟が湧き上がってきたので、すかさずその家の若主人らしい人に「中庭に入ってお参りをしてもよいですか」と聞いてもらった。答えは意外にも「どうぞご遠慮なく。写真も自由に写してください」と言うことであった。図々しくお願いしたこちらが拍子抜けした。日本では見ず知らずの外国人が法事に闖入《ちんにゅう》してきたとしたらどうであろうか。まず断られるのがオチであろう。

広い中庭の片隅のテーブルに遺影が飾られ、バラの花束が供えられていた。享年72だという。ちなみに『日本大百科全書』によると、ウズベキスタンの男性の平均寿命は、65・1歳（2006年）。私とさして変わらない年齢である。場違いを承知で般若心経を誦経し、冥福を祈った。

ふと眼を中庭の木陰のベンチに向けると、白いベールをかぶった数人の老婦人たちが、両手の手の平を天に向けて胸前にそろえ、顔を洗うようなしぐさ（アーミン。オーミンとも言う）をした。

私は若い奥さんに右手を左胸において「カッター・ラフマット！（ウズベク語で「どうもありがとうございます」の意味）とお礼を述べて辞去しようとした。しかし彼女から「ベランダに上がってお茶を召しあがってください」と促された。おずおずと靴を脱いでディショルダさんと上座に案内された。

広いベランダには、細長いクルパチャ（敷き布団兼座布団）が□の字型に敷き詰められている。壁際に座る人のためには特に小さな刺繍入りの座布団が立てかけられていた。長方形の長いきれいなダスタールホンという布の上には所狭しとナンというパン、干しぶどう、ナッツ類、果物、チョコレートやキャンディなどの菓子類が並べられている。茶碗の数は、30個以上あったと記憶する。

若妻は、ウズベキスタンの茶道（？）に従ってティーポットに入れたい茶をお客さんのお茶碗に注いだあとそれをまたティーポットの入れる。それを3回繰り返してからお客さんに供する。これは絵になると撮影した1枚が前著の表紙デザイナーの眼にとまって表紙を飾ったというわけである。

ちなみにウズベキスタンには、本稿前掲の諺以外に「客は家に豊かさをもたらす」とか「客は糧とともにやってくる」という諺があるという。これは「客が歓迎すべき存在であることを示すと同時に、客をもてなす際に食べ物を惜しんではいけない、客をもてなすための食べ物はどうにか見つかるものだ、という意味をも含んでいる。人々の間では、不意の来客に対しても家にあるもので目一杯の歓待をし、たとえ家にナンと茶しかなくても、それを出して客を心からもてなすという心意気が尊重される」（『中央ユーラシア』「もてなし（定住民のもてなし）」の項：執筆島田志津夫）。

〔コラム⑥〕愛弟子ニルファルさんの名前の意味は「蓮」

ニルファルさんへの初質問

ママトクロヴァ・ニルファルさんのことは、シリーズ2冊目の『ウズベキスタン』で2個所（58〜61頁と176〜178頁）において書いた。ここでは、「ニルファル」というウズベク語・タジク語の意味について書きたい。

私の助手（通訳）として働いてくれた彼女に対する最初の質問は、「ニルファル」という名前が他の女子学生にも何人かいるが、その意味はなんですか」と聞いたことである。すると彼女は、よどみなく日本語で「蓮（はす）という意味です」と答えた。私は、いっぺんに彼女の日本語力を信頼した。私は笑って「友達同士で言えば、蓮《れん》ちゃんだね」と答えた。彼女は現在博士論文を執筆中である。「創造」的な論文の完成を心秘かに待っている。

ウズベク語・タジク語の「ニルファル」について

さて、本題のウズベク語・タジク語の「ニルファル」についてである。これについては、イラン研究の泰斗である東京外国語大学名誉教授の上岡弘二先生から故・加藤九祚先生が書かれた『図書』２０１４年3月号巻頭の「カラテパ仏教遺跡と蓮華文」のご教示をえた。記して謝意を表したい。ちなみに「カラテパ仏教遺跡」は、加藤九祚先生が発掘され亡くなられたウズベキスタン南部のテルメズ市にある（本書97頁〜98頁参照）。

それによると、「ウズベク語とタジク語ではハスのことをニルファルといい、植物としてはこの地にはないが、女性の名前として広まっている。イラン語でも同じなので、イラン語からの借用語らしい。研究者によれば、蓮華は女性美の理想であり、女性と結びついた『創造』、『清浄』、『多産』、『生命』のシンボルであるとされている。生命力に関連しては、かつて故・大賀一郎博士が中国東北地方で発掘された千年前のハスの種子を発芽させたことを連想する」と記されていた。

ちなみに彼女は3児の母である。「名は体を表す」というが、まさに「多産」である。早稲田大学などで非常勤講師をしていて極めて多忙であるが、夫君のサポートを受けてなんとかこの難局を乗り切って欲しいものである。

【付記】前記の上岡弘二先生のご教示によれば、「ペルシャ語では『ニールーファル』と発音し、睡蓮（Water Lily）を意味する」という。

〔コラム⑦〕夜に爪を切らない風習

ウズベキスタンと日本の民俗や風習というと、とかく差異にばかり眼が向きがちになるが、「一致」するものもある。前著『〈青の都〉』では、「置きごたつ」の例を書いた。今回は、「夜に爪を切らない風習」である。

ある晩、サマルカンドの自宅で、私が手や足の指の爪がのびているので、爪切りで爪を切りはじめた。すると妻が、「ウズベキスタンでは、夜に爪を切ると不幸になる、と言って切らないからやめてください」といった。私は、「なぜ?」と問い返した。彼女は「その理由はうまく答えられないが、昔からそういわれている」と答えた。

私は、「日本でも福島県いわき市出身のうちの父からうるさく夜に爪を切ると〝よをつめる〟ことになるからやめなさいとしかられた」と返事をした。私は、意味がわからないからどうせ迷信のたぐいだと思うので、反発してこっそり夜に爪を切っていた。

おそらく父が言ったのは、夜の〈よ〉は「世」を連想し、〈つめる〉は「詰める」で長さを短くするという意味になるので、夜(よる)に爪を切ると世(よ)、つまり寿命が短くなるという、掛《か》け詞《ことば》を使った教訓なのだろうと、この年齢になってすなおに解釈している。これが正しいのかどうか、また、日本中の家庭でそうしているのかは不明であるが、日本とウズベキスタンの奇妙なわが家の「一致」だと思っている。

【付記】ウズベキスタンシリーズでたびたび登場する私の知恵袋である佐野允彦さんが、興味深いコメントを教示してくれたのでそれを紹介したい。「本来は、『夜に爪を切ると親の死に目に会えない』がもとの言葉のようです。死に目に会えない→早死にする→不幸になる、と言うことのようです。他にも理由は諸説あるようです」。

彼は、富山県高岡市の出身であるからこの風習は、全国的にあるのであろう。興味を持たれた方がおられましたら、是非出版社にご連絡ください。

第4節　ウズベキスタンの「ハラール食品」について

放送大学神奈川学習センター内の〈人間学研究会〉での著者の発表

２０１２年横浜にある放送大学神奈川学習センターの〈人間学研究会〉で『ウズベキスタンの庶民生活』と題して、主にサマルカンドの新市街（ロシア街）で著者が撮影したスライドを使用して話をする機会が与えられた。話の内容は生活全般にわたるアトランダムなものであったのでここでまとめることはできないが、ウズベキスタンは、イスラーム諸国会議機構加盟国であるので、国内はイスラーム圏（国民の88％はスンニ派『百科事典マイペディア』による）である。19世紀後半からロシア帝国の支配を受け、ソビエト連邦の一国であった時代が長かったので、『コーラン』が禁じている飲酒や豚肉を食べる国民は想像以上に多いという話におよんだ。（これをウズベキスタン在住のきわめて小さな日本人社会では「なんちゃってイスラム」と揶揄していることについては、本書所収論評：伊藤千尋著『凜とした小国』参照）。

質疑応答に入った。数問は何とかやり過ごしたが。最後にある会員が鋭い質問をしてくださった。氏は「ウズベキスタンでは、〝現実〟として飲酒や豚肉食をする人がいるのはわかりました。では、肉類特に豚肉はハラール食品でしょうか」という難問であった。というより、虚をつかれた思いであった。

ハラールとは「許容されたもの。（中略）反対語は、ハラームで、しばしば対になって用いられる。あるものや行為がハラールかそれともハラームかという法学上の問題は、一般信徒にとって重要な意味をもつ。たとえば日常的な場面でも、ある食品がハラール食品かどうかという問題に対して注意が払われる」（両角吉晃「ハラール」、大塚和夫他編『岩波イスラーム辞典』2002年）ことである。

苦しまぎれに私はこう答えた。「家内の実家でのごく普通の夕食や主にレストランで行う誰かの誕生パーティーの時に出されたごちそうの肉（豚肉であっても）は『ハラール』をしているかどうかという会話を聞いたことがない。私はロシア語もウズベク語もわからないから、家内に通訳してもらっているので、誤訳や誤解はあるかもしれないが、ごく普通に豚肉でも食べている光景を見ている。近親者で義妹夫婦は唯一例外で、敬虔なイスラム教徒なので飲酒せず、豚肉も食べない。今年サマルカンドへ行ったら真っ先にそのことを聞いてみます」。

前置きが長くなりすぎたようだ。

義父に聞いた「ウズベキスタンの『ハラール食品』」

〝チッラ〟と地元の人が言うだいたい7月頃のもっとも暑い夜の夕食の時、忘れないうちにと家内をせっついて懸案の「ウズベキスタンの『ハラール食品』について」の質問を義父に聞いてもらった。

義父の答え。「ウズベキスタンはイスラム教の国なので『コーラン』で禁じられている豚以外の肉は、イスラム式に正しく屠殺されたものでなければ食べない。屠殺の際には、アッラーに祈りを捧げ頸動脈を切って血を流し出す。牛や羊のような大きな動物は専門の人が屠殺を行うが、鶏や七面鳥は私もイスラム式にやるよ。豚肉は専門の人が屠殺をするが、アッラーに祈りを捧げたりはしない」。

私の質問。「アッラーへの祈りとはどういうものなのですか」。

義父の答え。「アッラーが創り育てた鶏や七面鳥を私たちの日々の糧にお与えください。おめぐみに感謝いたします。オーミン」。

私の質問。「鶏や七面鳥をイスラム式にやる具体的な方法はどのようなものですか」。

義父の答え。「頸動脈だけを切ることはできないので、首を切ることになる。あらかじめ庭の地面に小さな穴を掘っておく。アッラーに祈りを捧げたあと、首を切り、足を持ってさかさにして血抜きをする。血が止まったら地面にていねいに土をかぶせて地面をならす」。

なお、ウズベキスタンの誕生パーティーなどで牛肉、羊肉、豚肉の3種類のシャシリクを注文すると、牛肉、羊肉のシャシリクを盛った皿に豚肉のシャシリクはのせない。豚肉のシャシリクは、それだけ別皿で供される。又、あるパーティーのあとレストランの厨房をのぞいたら、牛肉と羊肉を焼く所と豚肉を焼く所は別々で隔離されていた。

コラム⑧　ウズベキスタンと日本の「そば（蕎麦）」の食べ方の比較

読者の皆さんは、「そば」の原産地が中央アジアであることはあまりご存じないかもしれない。手元の電子辞書に搭載されている『ブリタニカ国際大百科事典（以下『ブリタニカ』と略す）』は、「そば（蕎麦）」の項目で「タデ科の一年草で、中央アジア原産」と記している。

その「そば」の食べ方に、ウズベキスタンと日本では大きく異なるのである。一言で言えば、ウズベキスタンは「そば粉」にひかず、ツブのまま調理して食べる「粒食」、一方日本は「粉食」である。ただ「そば米《ごめ》」として「粒食」する徳島県の例があることを、妻バルノの幼稚園の「ママ友」から袋入りの実物をいただいて知ったが、深入りしないことにする。

簡単で周知の日本の「粉食」から書くことにする。「そばがき」という食べ方もあるが、一般的に「めん類」であろう。前記の電子辞書にある『百科事典マイペディア(以下マイペディアと略す)』には、「そば」の項目に〔食品のそば〕がある。それによると「めん状の、いわゆるそば（蕎麦）切りは江戸初期に朝鮮の僧、元珍が伝えたという。そば粉に、つなぎとして小麦粉、ヤマノイモ、鶏卵などを加え、水でこね、薄くのばし、細切りにする。もとは手打ちであったが最近は機械打ちが主（以下略）。」と記している。

さて、ウズベキスタンの「粒食」について述べよう。ウズベキスタンの「そば」は、ロシアから輸入されるものを食べているので、ロシア語の「グレチカ」という言葉で、ウズベク人もタジク人の穀物商人から「そば」を買うとき、「グレチカを何キロくださ い」と言えば通じる。そして、調理されたものも「グレチカ」という。街中の庶民的なレストランでは、昼食に学生や働く人たちがよく食べていたのを見かけた。

いろいろな調理方法があるようであるが、私が一番食べた義母の作り方を紹介する。バザールでは、値段の安い外皮のついた「グレチカ」も売っているが、ゴソゴソして食感が悪いので、わが家では外皮のない上質のものを買ってくるそうである。その「グレチカ」をそのまま水に入れて軟らかくなるまで煮る。ゆで上がったら水気をよく切っておく。フライパンで丁寧に細かくサイコロ状に切った肉、タマネギ、ニンジン（赤色と黄色の2種類がある）を塩、こしょう、バターで炒めてから少し水を注いで火を通す。それから最後によく水を切った「グレチカ」を入れて軽く炒めて、大皿に盛って食卓に置く。各自その大皿からスプーンで小皿にとって食べる。

ウズベク人の家族は、黒みがかった「グレチカ」を栄養がある（前記『ブリタニカ』によると、「良質のタンパク質（約13％）、ビタミンB類が多い」とある。また『マイペディア』には「高脂血症に効果のあるルチンを含む」とある）、整腸作用があるといって好んで食べる。

だが、私は「ざるそば」の「のどごし」の良さになれているので、とてもかみごたえのある「グレチカ」には、その効用を認めつつもスプーンが大皿に向かう回数は申し訳ないけれどもあまり多いとは言えなかった。決してまずいというわけではない。サマルカンドに住んで食習慣の違いを痛切に感じたのは、この「グレチカ」だけである。

余談だが、ウズベク人の名誉のために「のどごし」のよい「ラグマン」というめん類があることを書いておきたい。小麦粉に水を入れてよくこねてから寝かせた「生地」を麺棒で薄くのばして細切りにしたコシのある義母が作ってくれた「手打ちラグマン（うどん）」は絶品である。ゆであがったものにトマトスープをベースにし、肉、ジャガイモ、にんじん、香草などの具をじっくり煮込んだソースをかけて食べる。好みによって香草のみじん切りを散らせる。美味この上ない。義母は、私の健康を気づかって油分、塩分ひかえめの配慮をしてくれたことも特筆大書しておきたい。

第5節　パランジを着る女性の出現

パランジとは何か

「パランジ」とは、「ウズベキスタンなどの中央アジア南部の定住民女性（イスラーム教徒）の間で着られていたヴェールで、普及し始めたのは19世紀半ば頃と考えられている。そして19世紀末〜20世紀初頭、その着用は都市部で急速に拡大した」（『中央ユーラシア』「ヴェール」の項：執筆東田範子）。

本来イスラーム教徒の女性たちがヴェールを着るあるいはかぶるのは、見知らぬ男性に女性の美しい部分を露出してみせてはならないという『コーラン』の教えに基づいている。また「イスラーム法では、成年の女子を家族以外の男性の視線から隔離することを定めている」という（三浦徹著『イスラームの都市世界』世界史リブレット、山川出版社、1997。39頁）。

しかし覆うべき部分や覆うための衣類についての具体的な記述はなく、その解釈は一様ではない。中央アジアでも、生活様式や時代背景に応じてさまざまな慣習が存在してきた。

写真 17 「チャチヴァン」を試着し、視界を確認した。

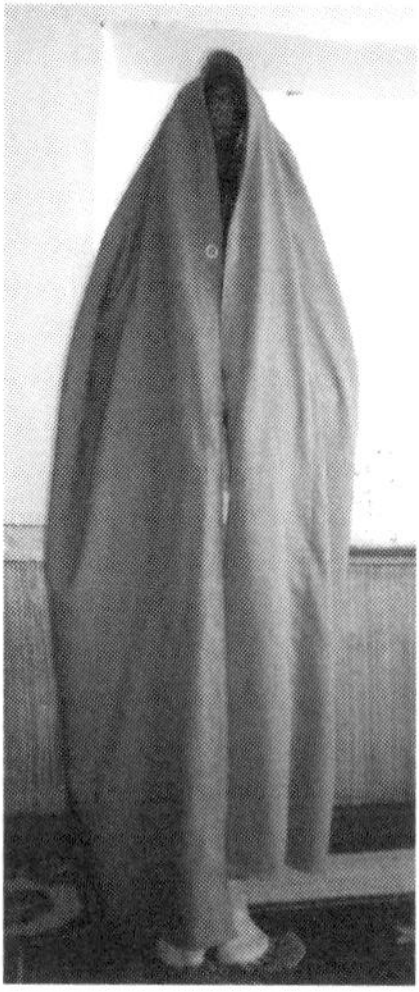

写真 18 室内用の「パランジ」の試着〈前〉。

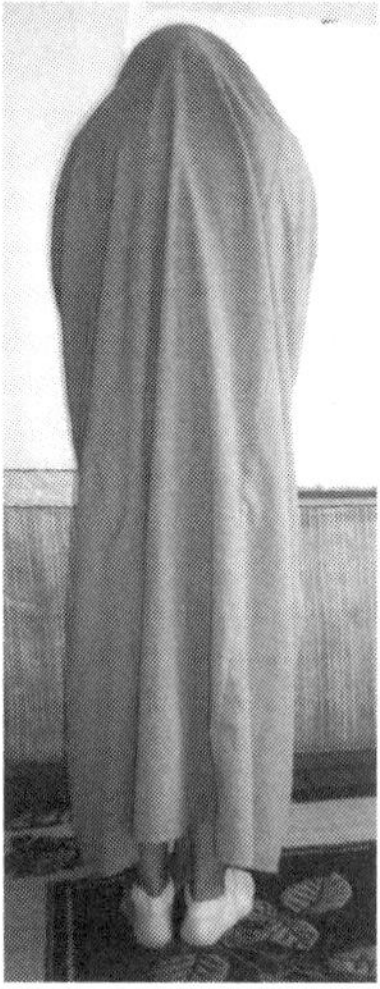

写真 19 室内用の「パランジ」の試着〈うしろ〉。

パランジを試着する

「パランジ」は、丈がくるぶしまであり、顔を隠す「チャチヴァン」という黒く長い紗のようなうすぎぬのネットとともに着用された。外出や来客などで着用する際は、まず上にひもまたはゴム輪のついた「チャチヴァン」で顔を隠す（写真17）。その上に「パランジ」をすっぽりかぶる（写真18、19）。19世紀末～20世紀初頭に撮影された街頭風景の古い写真をウズベキスタン各地の博物館の展示でよくみた（写真20）。またタシケントのウズベキスタン美術館の絵画（口絵3参照）でも見た。異教徒には、失礼ながらまことに

写真20　フェルガナ地方のコーカンド市の博物館で見た写真。

異様な光景と思える。現在ベルギーやフランスなどの西欧社会で大問題になっている「ブルカ」は、本人の目がみえるだけまだ異様さは軽減される。

「チャチヴァン」を眼前に垂らすと確かに本人の顔は完全にみることはできない。しかし外界はどの程度みえるのか疑問であったので、私は一度自分で確かめたいと思っていた（写真17）。室内でも外が意外によくみえるので驚いた。見知らぬ男性の視線を遮断できる。誰が考えたかわからないが、〝民衆の知恵〟というべきであろう。

パランジ着用と女性解放運動

けれども、「パランジ（チャチヴァンを含む）の着用」は、歴史の大きな波に翻弄されてきた。

ソ連邦時代の１９２０年代後半には、政府を中心とする女性解放運動家たちが「女性を圧迫する、女性を差別するものの象徴」として一掃するキャンペーンが展開され、さらに禁止された（前記東田範子稿）。その反動として、その主張を受け入れて「パランジ」を脱ぎ捨てた妻や女性たちは、夫や通行人の男性から激しい暴力を受け、ひどい場合には撲殺さえしたりしたという。

一方、女性解放運動家として著名な男性詩人のハムザは保守的な男性から目の敵にされ、フェルガナ地方を遊説中に激高した群衆により投石などの迫害を受けて１９２９年5月に惨殺されるという痛ましい事件が起こった（『中央ユーラシア』「ハムザ」の項：執筆小松久男）。私はフェルガナ地方を旅行中ハムザ博物館でその想像画（口絵11参照）を見たことがある。余談。サマルカンドのある親族の誕生パーティーで私がその絵の話をした。すると男性陣は「ハムザ」を「女たらし」と否定したが、女性陣は「ハンサムで素敵な男性」と絶賛した。

ソ連邦時代の女性の衣服

その後女性の衣服は、より軽快なものとなった。ゆったりしたワンピースの下にズボンを着用、既婚女性はスカーフで頭を覆うが、顔は露出するというスタイルが主流となり、都市部ではしだいにワンピースの下のズボンも着用しなくなってきた（『中央ユーラシア』「衣服」の項：

執筆帯谷知可）。

ただ、イスラーム教の影響が強いフェルガナ地方では、1968年に当地を旅行した井上靖氏が「パランジを着用した女性を見た」という記述を残している（同氏著「フェルガナ盆地」、『シルクロード紀行（下）』所収、岩波書店、1993年、77頁、80頁）。その後半世紀を経過して私が前述のフェルガナ地方を旅行した時は、眼を皿のようにして観察したが「パランジを着用した女性」はついぞ見かけなかった。

パランジを着用した女性のインタビューに失敗

しかし、2010年夏、イスラーム教の聖水信仰の聖地であるサマルカンドから西方へ約220㎞離れた大草原地帯にあるヌラタの街のイスラーム教徒の聖職者の家（義母の遠縁の方）を義母や妻と一緒に訪問した際、「パランジを着用した女性」にインタビューできることになった。ところが、直前になって夫君の猛反対にあい著者は、直接インタビューできなくなった。やむなく妻に質問項目のメモを渡して取材できた。着用できた「パランジ」や「チャチヴァン」は、彼女が普段着用しているものをお借りして撮影したものである。妻の話によると、ウズベク人とは思えないほど肌が雪のように白く、女性から見てもきれいだと思ったという。私はぜひ一度でもよいので拝顔の栄に浴したかったと今でも残念に思っている。

第6節　愛弟子たちからのうれしい便り

愛弟子2人からの喜ばしい知らせがあった。年齢順に紹介し、あわせて著者からの返信を収録した。

サ外大日本語教師アチロワ・オゾダさんからのメール

胡口先生、大変ご無沙汰しております。その後、お元気でお過ごしでしょうか。

私はおかげさまで元気にやっております。

長くやってきた日本語教師の努力がこたえてくれたのか、ようやくサ外大の博士課程の入学試験に合格できました。正式な結果発表は今週中の予定だそうです。

来年1月からは日本語の授業をやめ、研究だけに励むことになります。私の研究テーマは〝日本語教育における命令形について〟です。ウズベキスタンの学生たちの日本語能力の弱点のひとつとして、命令形の使い方がいえると思っています。

そしてこのテーマはウズベキスタンでは、まだ未開拓の新しいテーマです。

これからは懐かしい学生時代を思い出し、勉強に励んで、私の日本語力を鍛えたいと、今から嬉しく思っています。

なお、こちらでは特に日本語に関する参考文献が少なく、ネットや情報通信もまだまだということがちょっと心配です。

サマルカンドは寒い天気ですが、雪が降るのをとても楽しみに待っております。日本はいかがですか。たくさん雪が降って、きれいな自然に恵まれる日本の自然を想像するだけでわくわくしてきますね！

お元気でお過ごしくださいますように！

オゾダ　２０１８・11・26

著者からの返信

オゾダさん朗報どうもありがとう。

正式な結果発表前に合格の「内示」があるのは、いかにもウズベキスタンらしい面白いところですね。それはともかく私は、とても喜んでいます。Ph.D. の学位が取得できれば正式にサ外大の日本語教師になることができます。そうすればあちこちからいわれ続けた本来貴女のディプロマ（卒業証書）では、「英語」教師以外になれないはずだという異議が消えるからです。

そしてまた、邦人日本語教師の派遣は将来的におそらく無理な情勢だと思いますので、ウズベク人の日本語教師のレベルアップが強く望まれますから願ったりかなったりです。日本語に関する参考文献の少なさを心配していますが、必要なものは日本で最も大きな国会図書館へ行って探し出し、そのコピーを送りますから遠慮なくメールで連絡してください。必ず届く住所をメールで教えてください。身体に気をつけて頑張ってください。

２０１８・11・28

京都大学大学院博士課程3年　ベクマトフ・アリシェル君（本書24頁〜26頁の翻訳者──著者注）からの手紙

胡口先生

私は3日ほど前にサマルカンドの近郊にあるカフィル・カラ遺跡の今年度の発掘（調査団代表は、宇野隆夫・帝塚山大学客員教授〈考古学〉）の通訳の仕事を無事終えて帰ってきました。

実は今年からドイツ科学アカデミー・トルファン学研究所で働くことになりました。あまりにも急に決まったので、今急いで引っ越す準備をしているところです。これから2、3年ほどベルリンに住むと思うので、ドイツのほうに来られる際はぜひ声をおかけください。

お体にお気を付けてください。とり急ぎお知らせまで。

アリシェル　２０１８・10・２

著者からの返信①

アリシェル君吉報どうもありがとう。

① カフィル・カラ遺跡のことは、現地に行ったことはありませんので詳しいことはわかりません。しかし、ここ2、3年毎年秋に京都で神戸の佐野允彦さんと3人で1杯飲んだときに貴君が、熱心に話してくれた遺跡のことでしょう。シルクロードの国際語であった「ソグド文字」で書かれた封泥《ふうでい》がかなり出土したと嬉しそうに話をしていましたね。ソグド語やソグド文化の研究をするために文部科学省の留学生試験に合格し、上記の研究で多年高い実績を誇る京都大学大学院への進学を勧めた私としては非常に嬉しいことです。

② 右記に直接関係することですが、ドイツの科学アカデミー・トルファン学研究所に就職できたとのこと本当に快挙です。これを日本では「出藍の誉れ」といいます。私は、ソグド語の読める研究者は、世界中でまだそれほど多くはないと文献で読んでいましたから、それが読めれば英語やロシア語に堪能な君ならばシルクロードの探検家スタインを送り出したイギリスや同じくヘディンの故国であるスウェーデンの研究所で働けると言ったと思います。

しかし、ル・コックの母国ドイツの研究所のことは思い浮かびませんでした。今手元にある長澤和俊編『シルクロードを知る事典』（東京堂出版、２００２年）を見ると「ル・コック（1

860～1930）ドイツの東洋学者。ベルリン生まれ。トルファン探検隊の団長となり、多数の壁画・古文書などを収集して多大な成果を収めた。『高昌』『シナトルキスタンの壊れた財宝』『中央アジアの古代後期仏教』など多くの図録、旅行記を刊行した」（54頁）とあり、詳しい探検の様子は53頁から57頁に記述されていました。不明を恥じるばかりです。

私はトルファンには、10年くらい前に行き、高昌古城・アスターナ古墳群・ベゼクリク千仏洞などを見学しました。ベルリンにはさらに古く東西冷戦のまっただ中「ベルリンの壁」が建設された頃に行きました。ベルリンでは、「ムゼウムスインゼル（博物館島）」へ観光で行きましたが、当時は残念ながらシルクロードにあまり関心がありませんでしたので、有名な国立ペルガモン美術館の「ゼウス神殿の大祭壇」の復原が記憶に残っている程度です。ル・コックが整理したという民族博物館は、時間切れで見た覚えはありません。

君が在勤中にベルリンを再訪し、ル・コックの将来品を見たいと思いますが、後期高齢者の私には体力的に無理でしょう。日本へ帰ってくる際民族博物館の『図録』を買ってきてください。よろしくお願いします。緯度から見てベルリンは、サマルカンドより北にありますから冬はもっと寒いと思います。風邪など引かないように気をつけて仕事や研究に励んでください。

2018・10・8

追伸

①この手紙は、ベルリンへ発つ前に届くことを願って急いで書きましたので、ミスがあるかもしれません。その時は許してください。
②博士論文は、大変でしょうがベルリンで完成させてください。大いに期待しています。

著者からの返信②

アリシェル君ご無沙汰しています。厳しいベルリンの冬の生活はいかがでしたか。語学に強い君のことですからドイツ語の会話のレベルは卒業し、諸先生方との学術的な話も出来るようになっていると想像しています。

さて、君が去年まで発掘の通訳をしていたカフィル・カラ遺跡に関する宇野隆夫先生による報告会が、2019年3月2日午後帝塚山大学で開かれるという記事が、『朝日新聞』（大阪版）同年3月2日付朝刊に載ったというFAXを佐野允彦さんが送ってくれましたので、「見出し」と「宇野先生の談話」を書いて郵送します。遺跡の性格や出土物については既に十分知っていると思いますが、日本での報道の様子（同じ『朝日』でも東京版には掲載されない）を含めて勉強になると思います。横見出し「東西交易　ソグド人の装身具か」「ウズベク・サマルカンドの城跡から金・宝石」。縦見出し「民博・帝塚山大調査団発見」。宇野先生の談話。「奈良県斑鳩《いかるが》町の藤ノ木古墳の出土品とも似た飾りがあった。西アジアやギリシャ、インドなどの文化がアフガニスタンで出会って融合し、サマルカンドに至ったとみられる。その後、中国から朝鮮半島、日本へ伝わったのでは」とみる。

仕事や研究で超多忙でしょうから返信は無用です。身体に気をつけて頑張ってください。

2019・3・5

〔コラム⑨〕サマルカンド・福岡友好協会ができました

サマルカンド国立外国語大学のアチロワ・オゾダ先生から嬉しいニュースが本協会に届きました。紹介します。

こんにちは中邨勝先生！　いつもお世話様です。

11月となり、涼しい日々が続いておりますが日本はいかがでしょうか。こちらでの〝綿摘み・コットンピック〟のシーズンがまだ続いておりますので、大学での授業も中断しています（地方の学生は、綿花収穫のために勤労動員される――著者注）。

さて、胡口靖夫先生のご指導で〝サマルカンド・福岡友好協会〟を作らせていただきました。会員名簿を添えてお知らせいたしますのでよろしくお願いいたします。

これからますます寒くなってくると思いますが健康を大切になさいますように。

〝福岡・ウズベキスタン友好協会〟の皆様にもよろしくお伝えください。

オゾダ（サマルカンド国立外国語大学日本語教師）

〈『福岡・ウズベキスタン友好協会ニュース』No.144　2016年11月13日発行より転載。

（中邨勝先生は、「福岡・ウズベキスタン友好協会」の会長です―著者注）〉。

第4章

ウズベキスタンの実践的旅行案内

第1節　中学校同期生・武田道子さんからのウズベキスタン旅日記
―ワールド航空サービスの直航便ツアーを利用して―

東京都渋谷区立外苑中学校（現在原宿外苑中学校）の同期生である武田道子さんから2016年5月下旬に、つぎのようなウズベキスタン旅行の旅日記が郵送されてきました。ご本人の承諾が得られましたのでご紹介したい。

武田道子さんのプロフィール

彼女は、著者とは〝月とスッポン〟で英語もよくできる才媛である。中学卒業後私立の名門校である雙葉《ふたば》高校から慶應義塾大学文学部史学科（西洋史学専攻）へ進学した。同大学を卒業後大手会社社員の夫君と結婚された。学生時代に作家小田実さん（1932～2007）が、1958年にアメリカのハーバード大学に留学し、北米・ヨーロッパ・中近東・インドなど計22ヵ国をまわった旅の記録『なんでも見てやろう』（河出書房新社、1961年）を読んで「世界の懐に入り日本を考える」という本の内容に大きな感銘を受けたという。同書は海外を旅する若者のバイブルになったからさもありなんと思う。得意の語学力を生かして世界各地をご夫妻で旅行したそうである。趣味は海外旅行とテニスそして囲碁。ウズベキスタン旅行を思い立ったきっかけのひとつは、ある年開かれた中学の合同同期会後、拙著一冊目の『〈青の都〉』を差し上げたことにもよるらしい。さて本題の旅日記に入りたい。

武田道子さんの手紙による「旅日記」

前略　帰国して10日になります。サマルカンド↓ブハラ↓ヒヴァ↓タシケントをめぐる８日間の旅でした。そのツアーは、ウズベキスタン航空のチャーター便でサマルカンドへ直航する国内初の企画でした。飛行機１機の乗客全員（約２５０名）が、ワールド航空サービス１社のお客さんでした。これには少々驚きました。

定期便を利用する一般のツアーは、首都タシケントで1泊し、翌日約4〜5時間かけて大型バスでサマルカンドへ移動し、午後から同市内を観光する日程です。したがって私の参加したツアーは、半日以上時間に余裕があり、身体も楽だという利点が人気の秘密だと帰国後実感しました。

さて、到着後ホテルで小休止し、世界遺産に登録されている「レギスタン（「砂の土地」の意味）広場」（口絵10参照）の中庭でウズベクツーリズム（観光省）主催の特別プログラム『サマルカンドの夕べ』という私達を歓迎するイベントを鑑賞しました。日本との時差は4時間ですのでまだ外はとても明るかった。

観光省の要人や駐ウズベキスタン日本大使館書記官も同席したので、今回私達のツアーへの力の入れようがよく感じられました。サマルカンド国立外国語大学で日本語を学ぶ学生さんたちの歌、華麗な民族衣装や伝統的なアトラスという色鮮やかな布地を使用したモダンなデザインのファッションショー・民族舞踊・民謡・民族楽器のアンサンブル演奏など盛りだくさんなプログラムを十分に満喫しました。

夕食後はさらに私達のための特別な催しに招待されました。それは前述の「レギスタン広場」を冂の字型に取り囲むウルグベク・メドレセ（「神学校」の意味）、ティリャカリ・メドレセ、シェルドル・メドレセの魅力ある壁面をスクリーンにして効果的に浮かび上がらせる3Dの『音と光のショー』でした。そのすばらしさに時のたつのを忘れ酔いしれました。ウズベキスタンが、〝観光立国〟を国策にしようとしている強い意気込みが、『サマルカンドの夕べ』以上に感じられました。

翌日、午前中の自由行動の時に私のグループのガイド、バティールさん（首都タシケント出身で同市の東洋学大学で日本語を学んだ）と吉田義和さん（添乗員で中央アジア担当のチーフ社員）の計らいでサマルカンド国立外国語大学を訪問できました。宿泊ホテルが「レギスタン・プラザ」で大学に近かったおかげです。丁度胡口さんの教え子であるニソ先生のレッスン中お邪魔

写真21　「ニソ先生（右から4人目）との記念写真」　提供：武田道子さん（右から3人目）。写真16から約10年たって蔵書が充実した。

をし、日本語初級の学生さん達とも少しお話をする時間がありました。皆で記念写真を撮りました（写真21）。ニソ先生は「胡口先生は、グッドティーチャーだ」といっていましたよ。写真を同封しました。

サマルカンドの市内観光を終えてから、つぎの目的地であるブハラへは特急列車で3時間。6人づつのボックス席でゆったりとしていましたが、まだ5月なので冷房は入っておらず暑くてぐったりしました（2018年4月同社の同コースで旅行した著者の友人たちの話によると、新高速列車「アフロシアブ号」を利用したからブハラへは約1時間半。エアコンが効いていて快適であったという。—著者注）。

ブハラでは早朝の散歩（添乗員さんが引率）で突撃民家訪問をしましたが、中庭に心よく迎え入れてくれました。胡口さんがおっしゃっていたウズベク人の「おもてなし好き」（本書所収「ウズベク人はもてなし好き」参照）は本当でしたね。

ブハラからヒヴァへは、キジルクム（トルコ語で「赤い砂」

の意味）砂漠を大型バスで6〜7時間。途中砂漠のシルクロードに残る「チャイハネ」（茶店）でお弁当と「シャシリク」（串焼肉。トルコ語では「シシカバブ」）のランチ。その後遠くパミール高原に源流のある大河アムダリア川の景観も楽しみました。夕方「アジア・ヒヴァ・ホテル」から徒歩でキョフナ・アルク（「古い宮殿」の意味）の見張り台に登り、旧市街を照らす夕陽を楽しみました。まるで中世のオアシス都市にタイムスリップしたようで幻想的でした。

次の日は、徒歩で「博物館都市」と言われるヒヴァのイチャン・カラ（「内城」の意味）の数々のミナレット（イスラム教の礼拝所の尖塔）やメドレセを訪れ、JICA（国際協力機構）が支援している「コクーン」で買い物を。

最終日は、ウズベキスタン航空の国内線でヒヴァ（ウルゲンチ）からタシケントへ約1時間半。日本人抑留者の眠る日本人墓地では、代々墓守をして下さっているホレムさんに感謝しつつ各人がお線香を手向けました。そして「釈迦如来坐像」のある歴史博物館の見学後ナボイ劇場へ。1945年11月から1947年10月ころまで同劇場の「仕上げ作業」にあたった日本人抑留者の三重苦（飢餓・酷寒・重労働）を偲びました。

ちなみにサマルカンド国立外国語大学へ胡口さんと入れ違いに約1年間日本語を教えに行ったことのある伴内孝雄さんは、私の大学の先輩でテニス仲間でもあります。胡口さんのシリーズ1冊目『〈青の都〉』の出版記念パーティーに招待されたと言っていました。今回お二人のお勧めでやっとウズベキスタン旅行が実現しました。ウズベキスタンの民族英雄ティムールも私を呼んでいましたよ！

ほんの８日間の旅でしたが、印象に残ったことを以下箇条書きに列挙します。

今回の旅行で印象に残ったこと
・ホテル以外のトイレは和式でした。
・人々がとても人懐っこく親切で笑顔がステキでした。親日的な国だと思いました。
・子どもが可愛らしく、女性がおしゃれで美しい。
・食事がどれも美味しい。特に香草を練り込んだ今まで食べたことのないパスタや前菜のニンジンのサラダが印象に残っています。
・豚肉は食事に出ませんでした。
・お医者さん、看護婦さんが、コックさんのような白い高くて大きな帽子をかぶっていました。
＊実は４日目の夜に体調不良となりましたので、添乗員さんに連絡をしました。しばらくしてホテルの部屋に「コックさん」たちが来てくださったので、最初は何事かとびっくりしましたが、医師と看護婦さんだと説明を受け安心しました。すぐにてきぱきと点滴をしてくださり、

しかも無料でした。おかげさまで翌日から旅が続けられました。

こぼれ話
余談ですが、自宅近くの西荻窪に居酒屋通りがあります。そこにウズベキスタンのワインショップ『キャラバン』という小さなお店がありますので、今回の旅で友人になった女性と近々行ってみたいと思っています。

胡口さんのおかげでウズベキスタンを知り好きな国の一つになりました。本当に感謝です。どうぞお体に気をつけて、シリーズ3冊目を出版してウズベキスタン〈全3部〉作の完成のために頑張ってくださいね。かしこ。

２０１６年５月23日

武田道子

胡口靖夫様

【付記】著者も武田道子さんの「旅日記」に刺激を受けて、ワールド航空サービス社が設定したサマルカンドへのノンストップ直航フライトを利用した特別便の旅「隊商の道　サマルカンド・ブハラ・ヒヴァの旅」を楽しんできました。期日は２０１８年４月である。一時離団の許可を受けて自由行動となり、サマルカンドの妻の実家やサ外大を訪問した時に実感したサマルカンドの街の変容―特にサマルカンド駅前から２路線の路面電車（トラム）が２年前ほどから走っていた―には驚かされた（本書所収「発展するサマルカンドを見て」参照）。

それとともに収穫が大きかったのは、サ外大に在勤中、激務のためにどうしても行けなかった世界遺産に登録された「博物館都市」（中世のオアシス都市を連想させる）のヒヴァに２泊し、自由行動を含めて思う存分堪能できたことである。一時離団を許していただいた添乗員の春名釈《さとる》さんや、同行してくださった「市民と野党の共闘をめざす渋谷・中野市民連合」の盟友である大井一雄さん・安子さん夫妻（令夫人が看護師なのでとても心強かった）には大変お世話になりました。そしてツアーに参加されたワインをたしなむ仲間のグループ（井口知之さん・啓子さん夫妻、鈴木郁子さん・秋田由紀子さん姉妹、佐藤日出子さん）にも心からお礼を申しあげたい。

〔コラム⑩〕ウズベキスタン、日本人観光ビザ免除

「日本ユーラシア協会」の機関紙の記事

「ウズベキスタン政府は、日本人観光目的のビザを4月1日から免除することを明らかにした。日本などアジア、欧州15ヵ国の市民を対象にしている。中央アジアではカザフスタン、キルギスにつぐ観光ビザ免除措置である。ウズベキスタンはサマルカンドをはじめシルクロードの観光地が目白押しで、観光旅行が便利になる」(『日本とユーラシア』第1477号、2017年2月15日発行の記事による)。

観光ビザ取得の苦労話

今までは、首都圏に住む著者のような個人は、当初東京都目黒区の住宅街にある交通不便な駐日ウズベキスタン大使館へ面倒な書類を作成し、手数料を持参して取得手続きをしてから約1週間後に受領に行っていた。その後東京都港区高輪へ大使館が移転したので交通の便は良くなった。しかし、手続きの煩雑さは相変わらずであった。新大統領のミルジョエフ氏の開放的な政治姿勢に感謝したい。必ずや〝観光立国〟を大きな柱とする経済発展に寄与することは間違いないと思う。

　ちなみに、遠方の方はどのようにビザを取得していたかを記録しておくことも大事なことであると考えるので書いておきたい。第1は、観光会社に高い手数料を支払って代理申請する方法である。第2は、首都圏に友人・知人のいる人は、その人に依頼して代理申請する方法である。第3は、郵送による方法である。たとえば、親しくお付き合いをしている福岡・ウズベキスタン友好協会の中邨勝会長から伺った話である。同協会は、毎年1回手作りのウズベキスタン友好旅行を実施している。その場合10数人分の書類を預かって一括して大使館へ郵送することになる。受理されて入国許可のスタンプが押印された全員のパスポートをご自分の手にするまでは心配でたまらなかったという。2017年夏の友好旅行の時以来その心配から解放されたのでホッとしたという。

〔コラム⑪〕ウズベキスタンでミルジョエフ新大統領就任

「日本ユーラシア協会」の機関紙の記事

「ウズベキスタンの首都タシケントで1月14日、大統領就任式が行われ、先の大統領選で当選したシャフカト・ミルジョエフ（59）氏が就任演説で『国民に対する責任を感じる。公約を実行しないと許されない』と力説した。同国では独立以来、故カリモフ大統領が『建国の父』として敬われてきた。初の大統領交代となった」（『日本とユーラシア』第1477号、2017年2月15日発行の記事による）。

ウズベク人の義母へのスカイプ取材記事

サマルカンド在住のウズベク人の義母とのスカイプによる取材でえた、ウズベキスタンの大統領選挙や当選した新大統領についての話に私の情報を書き加えました。

「大統領選挙では、4人の候補者が立候補したから、ミルジョエフさんの得票率は良くても3分の2程度ではないかというのが私たちの予想でした。しかしふたを開けてみると90％弱の得票をえて他の候補者に圧勝しました。これは〝国民のお父さん〟と敬慕されたカリモフ前大統領の前回選挙で獲得した数字とほぼ同じです。

1991年にソ連邦から独立した後、ウズベキスタンで初の大統領が交代しました。カリモフさんの2016年9月2日の突然の死去で、権力移行に伴う大きな社会的混乱も心配されていただけに先ずは順当なスタートを切ったのではないかと思います。

支持者たちは、ミルジョエフさんを手堅い人といっています。ミルジョエフさんは

１９５７年の生まれ。ジザク州（タシケントとサマルカンドの中間）出身です。大学副学長などを経て政治家に転身しました。13年間、首相を務めてカリモフさんを大きく支えてきましたが、徹底的に〝黒衣《くろこ》〟に徹し、慎重に露出することは避けてきました。

けれども、カリモフさんの死後、大統領代行に就任して、電話やメールで政治への不満を受け付けました。カリモフ大統領時代には、なかったことです。すると対応の早さに評判が評判を呼びました。また身分を隠して病院を訪れ、賄賂を要求した医師などを処分するということもやりました。それまでは賄賂を払わなければ、重病の患者でも手術をしてもらえなかったために命を落とした人が多かったので、こういうことに国民は驚きました。

同時に、キルギスやタジキスタンなどの隣国との外交関係の改善や、日本人らの観光ビザ免除方針を打ち出しました（コラム⑩「ウベキスタン、日本人観光ビザ免除」参照）。これはあなたの家族が、サマルカンドへ里帰りするためにはとても便利になったので、私も大いに喜んでいます。

ウズベキスタンの人口は約3千2百万人と中央アジア地域最大で、近年ではフェルガナ地方を中心として熱心なイスラム教徒が多く住んでいます。若者たちのためにもとにかく、経済発展による生活向上をしなければなりませんといってスカイプの電源を切った。

義母はもとはウズベク語の教師をしていた（現在は定年退職をした年金生活者）だけに著者の質問に的確に答えてくれた。通訳の労をとってくれた妻に感謝する。

第2節　〈青の都〉サマルカンドの魅力

〝世界遺産〟などについて――世界遺産：レギスタン広場の3つのマドラサ（神学校）、グリ・アミール廟、ビビ・ハヌム・モスク、シャヒ・ズインダ廟群――

①モスクやマドラサ・廟などのドームのサマルカンド・ブルーと呼ばれる色と形の変化を楽しむ。特にドームに注目。

★縦にひだの入ったドーム（ブルーの変化に富んだバラエティ豊かなタイル貼り）。これではグリ・アミール廟：光線の当たり方で色合いが微妙に変化するので朝と夕方の散歩はオススメ。時々刻々に移り変わる様子を余裕を持って鑑賞したい（口絵1参照）。

★ネギ坊主のようなツルリとした形のドーム（ブルーの単色タイル貼り）（口絵2参照）。

②建物正面の形と色に工夫を凝らしたデザインの変化を楽しめます。特にレギスタン広場のシェルドル・マドラサのライオン（?）あるいはトラ（?）と人面の意匠。本来イスラム教の模様は、その教義にもとずいて偶像崇拝を否定する立場をとり、人物や動物の姿

をモチーフにすることはタブーとされている。

③建物内部や中庭の構想の違いに着目してください。

④レギスタン広場正面にあるティラカリ・マドラサ：ティラカリは金箔されたという意味。その礼拝所の天井は、細かい遠近法で描かれ、金箔の丸みが深く見えます。

⑤タイル模様の美しさを比較できます。シャヒ・ズインダ廟群：タイル模様の〝宝庫〟と呼ばれているだけあって見ていてあきません（口絵8参照）。

⑥アフラシアブ博物館のソクド時代の壁画（7世紀頃）。高句麗《こうくり》（朝鮮半島北部を中心とした国）の使節といわれている立像の頭に2本の羽根がさしこまれた帽子をかぶっている人物をさがしてください。古代日本と深い交流のあった高句麗の使節が、はるばるシルクロードを通ってサマルカンドまで訪れていたことを想像するだけでも楽しくありませんか。

オススメの参考文献

深見奈緒子編著『イスラム建築がおもしろい！』（彰国社、２０１０年）は、イスラム建築の基礎知識から始まってだれも知らない「モスク」から「ハレム」までのアラビアン建築ナイトの世界を紹介するおもしろい本。図版が豊富なのでその説明を読むだけでもとても参考になる。

模様の図版はすべてカラー印刷である。

短歌を愛好される方々へ

親友の歌人元井秀勝《ひでまさ》氏から短歌雑誌『運河』（「運河の会」４３２号、２０１９年７月）をいただいた。その「巻頭特集」になんと「サマルカンド・ブルー」と題された８首が掲載されていた。作者は「神奈川県　土橋教」とあり、「旅ごころ」という短いエッセイが書かれていた。それによると氏は、「系統に括られた旅が印象深く残り、五年前に西安からスタートして絹の道を踏破してきた。昨秋ウズベキスタンまで続いた旅も、この先は、加齢により無理と断念した」という。

実は、元井氏から同号をいただく直前偶然にも「ウズベキスタンを舞台にした日本人監督の映画」（〔付論３〕参照）の感想を語りあったばかりであったのである。不思議と言えば不思議であった。その場ですぐに８首を読み、そのうち３首を本稿で紹介したいと決断した。元井氏が即座に携帯によって土橋氏に掲載の許可を取ってくださり実現した。その３首を紹介したい。

絹の道の面影のこるウズベキスタン憧れやまず子と旅に立つ
イスラムのオアシス都市の壮大なる建造物にこゑを失ふ

サマルカンド・ブルーの建物想像をはるか超えたる輝きに満つ

素人の私にはいずれとも甲乙はつけがたいが、まことに短歌の力は恐ろしいと正直思わずにおれなかった。前述の①〜⑤で力説したことが、三十一文字3首にはまったく歯が立たないと思った。いずれ数年間の「絹の道」の吟行歌を一書としてものにされることを大いに期待したい。

〝庶民生活〟について

①特にタシケント通りから東側の旧市街の路地めぐりとシャブ・バザール見学と買い物(スーパーの進出で、昔ほどの活気はなくなったが、庶民生活を見るには必見)をオススメしたい。

②夜遠くから音楽が聞こえてきたら結婚式の披露宴。3、4人のグループで見学を!日本人は大歓迎されること間違いない。もてなし好きのウズベク人は「招待状」がなくても見物にいくと「どうぞ、どうぞ」という手招きでテーブルに座らせてくれて歓待される。一緒に踊ることが肝要。阿波踊りと思えば間違いなし。踊る阿呆に見る阿呆。同じ阿呆なら踊らにゃそんそん。ただし、男性はウオッカのストレートの一気飲みをすすめられ

るので要注意！アルコール度数40以上のウォッカ（現地では、ヴォトカと「ヴォ」を強調して発音する）を飲んだ時は、すぐにミネラルウォーターをたくさん飲んでください。

〝食べ物・飲み物〟について

①サマルカンド市内に大きなビール工場があるので、出来たてのフレッシュな冷たい生ビールが実に美味しい。空気が乾燥しているので観光後は、ついたくさん飲みたくなる。ただし、飲みすぎは禁物です。

②ワインは、主に女性のためのものなのでセミスイートが多くアルコール度数は低めなので飲みやすい。近年観光客や輸出用にドライもできた。サマルカンドには、ワイン工場があり試飲（無料？）が楽しめるとウズベク人の義父から聞いた。

③ウォッカは、サマルカンド産、タシケント産、ロシア産など銘柄はとても多い。ウズベク人はロシア産が上物だというが、著者には正直その違いはよくわからない。

④シャシリクは、ぶつ切りの鶏肉、牛肉やつくねの串焼きが本当に美味しい。（羊肉――日本のマトンとは大違い。臭みはなく肉も軟らかい――や豚肉もあるが、観光客にはあまり出さないらしい）。

⑤ラグマンという日本風にいえば手打ちうどんも好評。トマトベースのスープでコシのあ

る麺と具だくさん。肉にジャガイモ・人参・セロリなど野菜もたっぷり入っている。食べ方のコツ?が私流にはある。それはスープに浮いた油をスプーンで丁寧に受け皿に取り除いてから食べることです。

⑥その他サモサ（ミートパイ）やペリメニ（餃子）があります。ペリメニの食べ方は「焼き餃子」はなく「水餃子」です。どれも昼食用によく食べられます。ツアーの方々にはあまり出されませんが、チャンスがあればぜひ一度お試しください。

⑦露地物のトマトやキュウリがとびっ切り美味。塩をひとつまみかけただけ。サラダドレッシングは不要。スベジサラダ（新鮮なサラダというロシア語）といえばどこでも通じます（口絵5参照）。

ご注意：腹八分。ガマンガマン。ビオフェルミンなどの整腸剤、胃薬の常備薬の準備があればなお安心。生水は厳禁（世界各国共通のこと）。

時間と興味があれば…

①新市街（ロシア人街）のブルバール大通り公園（ティムール大王の坐像のある場所が起点）の朝の散歩。ことに夏の朝は、大きな樹木の木陰をわたる風が涼しいので気持ちがよい。

②サマルカンド国立外語大学で日本語学科の学生と交流。なお、ご不要の書籍・ファッション雑誌・マンガ本をお土産にお持ちいただければ喜ばれること必定。

ウズベク人の国民性について

あるガイドブックに「ウズベク人はそもそも日本人のようにシャイな国民性なので、ペラペラと話しかけてくれるわけではない」とあった。

これに対しては失礼ながら違和感がある。私は、サマルカンド滞在中に、自宅から歩いてブルバール大通りをサ外大へ出勤する途中、しばしば通学する子どもたちから「カレーヤ？（韓国人かというロシア語）」と聞かれた。私はすぐに「ニエット（ちがいます）、ヤー・ヤポーニエッ（私は、日本人です）」とロシア語で答えた。

子どもたちは、それだけで満足してにこにこと笑って通り過ぎた、日本人を見つめるまなざしはとても温かいものを感じた。国民全体が非常に親日的。私は、２００３年から２０１３年まで、常勤・非常勤を通じて10年余りサマルカンドに自宅を構えてボランティアで暮らしたが、一度たりとも身に危険を感じたことはない。トヨタ・ソニー・キャノンなどの〝日本製品〟のおかげ？

ソニーやキャノンの製品はメイドインマレーシアのものが自由に買えるが、トヨタ車は街では見かけない。その理由は、ウズベキスタンは中央アジア5ヵ国中唯一自動車生産国なので、自国車を保護するために関税が高いからだと聞いた。〝幻の車〟だから余計に評判が良いのであろう。

オススメのお土産

①ケーキ作りが好きな方にはドライフルーツ。特に干しブドウは、カルフォルニア産よりも甘みが多いと思う。

②料理の上手な方は香辛料。特にスペインのパエリア好きにサフランは超お買い得。どちらもバザールで買う時は、値段の交渉が面白いので、まず値切ってみること。しかし、最後は言い値で買ってください。経済支援とお考えください。商人たちは、「市場税（?·）」を毎日、市場の管理人に払っている。

香辛料を買う方は、チャックのあるビニール袋を用意してください。さもないとトランクに入れた荷物に香辛料の臭いが移ってしまうからです。

オススメの言葉──覚えておくと超便利です

〝アッサローム・アレイクム〟（イスラム教徒の共通の挨拶。「おはようございます」・「こんにちは」・「こんばんは」のいずれもこの一言で通じるので便利なことこの上ない。）お礼の言葉「ありがとうございます」は、ウズベク語で〝ラフマット〟（右手を左胸に添えていうとベリーグッド！）といえば、交流はもっと深まる。「挨拶」をしなくなった日本人には不思議でしょうが本当のことです。さらに〝カッター・ラフマット〟（どうもありがとうございます）といえば最高。

オペラファンの方々へ

サマルカンドの地名が出てくるオペラがあることをご存じですか。私は、２０１９年７月12日（金）夜、東京文化会館で観たプッチーニ作曲の遺作『トゥーランドット』の字幕で初めて眼にしました。（指揮：大野和士、管弦楽：バルセロナ交響楽団）。それは第２幕で中国人の大臣ピンが「世間は恋狂いに満ち満ちている！／お前達忘れもしないよな／サマルカンドの王位継承者を…／姫の問いに挑んではみたものの…／どんなに喜んで斬首役人のもとに姫は／そいつを送り届けたことか！」（訳者河原廣之『対訳トゥーランドット姫』オペラ読本出版、２０１９年。傍点は筆者）と歌うシーンです。私はサ外大に赴任する前に観たミラノ・スカラ座日本公演の同公演ではまったく気がつきませんでした。儒教の経典である『大学』に「心ここに在《あ》らざれば視《み》れども見えず」とある。言いえて妙だと思う。

なお、本稿は、ワールド航空サービス社から「サマルカンドの魅力について」話をしてくれないかという依頼により講演をした時のレジメに加筆したものである。〈放送大学神奈川学習センター内　人間学研究会誌『せせらぎ』30号、２０１９年10月より補筆して転載。〉

第3節　発展するサマルカンドを見て

駐日ウズベキスタン大使の歓迎の挨拶と見送りを受けたツアー

ワールド航空サービス社のチャーター便を利用したサマルカンド直航の「隊商の道　サマルカンド・ブハラ・ヒヴァの旅　８日間」のツアーに参加した。期間は、２０１８年4月6日から4月13日である。

驚いたのは、このツアーがウズベクツーリズム（ウズベキスタン観光省）の後援を受けているので、東京成田空港の搭乗ゲート前で駐日ウズベキスタン大使のファジロフ氏による歓迎の挨拶があり、さらにその後全員の搭乗を見送って下さったことである。私は思わず「カッター・ラフマット！（ウズベク語：どうもありがとうございます）」といって大使と固く握手した。

ツアー参加の3つの目的

今回私がツアーに参加した大きな目的は3つある。第1は、自由行動中に久しぶりにサ外大の学長を表敬訪問し、日本語学科について懇談すること。第2は、発展するサマルカンドのシンボルである路面電車に試乗すること。第3は、サ外大在職中は激務のため見学できなかった世界遺産に登録された「ヒヴァ」の街を見学すること。日本のことわざに「日光を見ずして結構というなかれ」というものがある。これをウズベキスタンに当てはめれば「ヒヴァを見ないでウズベキスタンをヤフシ！（ウズベク語：すばらしい）といってはいけない」ということになるでしょう。なお、ヒヴァについては本書所収「中学校同期生・武田道子さんのウズベキスタン旅日記」を参照してください。

サ外大への表敬訪問と懇談

第一の目的であるサ外大学長の表敬訪問は、学長に急用ができて実現しませんでしたが、副学長のPh.D.アシュロフ氏と懇談ができた。詳細は省略するが、最後に、副学長から「発展したサマルカンドを見学して、その感想を書いて通訳してくれた日本語教師のオゾダ先生にメールで送って下さい」と要請された。このレポートはそれに答えて書いたものである。

その際、「サムオート・イスズ社の工場は、ぜひ見学してほしい」との希望が述べれられた。早速同席したウズベク人女性の講座長が、同社に電話してアポイントが取れ、見学できたことから書きたいと思う。

サムオート・イスズ社工場見学

実は同社の工場を見学したのは今回で2度目である。はじめは２００８年8月に、サマルカンドを世界に紹介するというタシケントにあるテレビ局が制作したドキュメンタリー番組に、オゾダ先生のガイドで私が出演したときであった。その際記念にいただいたＤＶＤ『私の故郷サマルカンド』は今も大切に保管していたので、これを書くために久しぶりに見た。またオゾダ先生の話によると、ウズベキスタン国内では10回以上放映されたとのことである。

さて、本筋に話をもどしたい。訪問した4月7日は、週休2日制の土曜日だったので残念ながら工場は休業とのこと。しかし、案内していただいた社員が熱心に説明してくれましたので、通訳のオゾダ先生は大変だったと思う。

創業は、１９９９年でウズベキスタンのサムオート社とトルコのオトヨル社の合弁会社として起業した。しかし、２００７年に日本のイスズ社との合弁会社となり、その後とても発展し

写真 22　完成した救急車

たという説明を受けた。３工場となり以前よりも広くなり、従業員は約１０００人に増加した。生産台数は日産で、トラックなど25台（車種は、トラック・救急車・ゴミ収集車）とバス10台。日本のイスズ社とは、比較できないほど生産能力が低いとは思わないでください。綿花や小麦を主産物とする農業国が、中央アジア５ヵ国中唯一自動車産業があるのはウズベキスタンだけであるという現実を直視していただきたいと思わずにはいられない。そして救急車（写真22）はアフガニスタンにも輸出されていると社員は誇らしい顔つきで話をしていた。

材料の鋼板・鋼材は主にロシア製。ロボット溶接機が２台ありましたが外国製とのことです。シャーシーとエンジンは、日本のイスズ社製。中国に陸揚げされたシャーシーとエンジンは、シルクロードを通ってサマルカンドまで運ばれてくるという。シャーシーはとても頑丈で、エンジンは故障が非常に少ないので大好評とのこと。バスなどの後部にわざわざ「Powerd by ISUZU」と書かれているのがなんともほほえましい。製品には１台ごとに「製造票」が貼ってあり、「だれが、いつ何を作った」かが記録してあり、品質管理が徹底していた。前回見学した時には「製造票」はなかったと思う。これが評価を高めている原因のひとつなのであろうと推測した。

２年前に導入された13ある水槽について説明を聞いた。代表的なものは２つあった。第１は、以前塗装は、工員がスプレー機を使ってやっていたが、どうしても「むら」ができる。そこで今は大きなプールのような水槽に塗料を満たし、そこに車体全体を沈めて塗装する方式になったので、均一に塗装できるようになり、品質が格段に向上したと社員は鼻を高くしていたのが印象的であった。

第２は、水漏れ検査のための水槽。以前よりも10倍以上正確に検査できるようになったとのことである。

最後に彼は、「言い忘れましたが、トラックやバスは中央アジア諸国だけでなくロシアにも輸出されています」と述べて広い工場内を一巡する見学を終えた。彼には「カッター・ラフマット！」とお礼を述べて握手したことは言をまたない。

トラックやバスの主要部品であるシャーシーやエンジンに日本のイスズ社製が使用され、しかも大好評で、サマルカンドの発展（約１０００人の安定した雇用を生み出したことは高く評価したい）に大いに貢献していることは、私としても非常に喜ばしいことである。サ外大の副学長が同社の見学を勧めて下さった理由がよく理解できた。

サマルカンドの路面電車〈トラム〉に試乗して

つぎにサマルカンドの発展を実感した路面電車〈トラム〈口絵6写真〉〉が開通し、試乗できたことを述べたいと思う。それがいかに画期的なことかを明らかにするために、サマルカンドの交通事情の歴史を簡単に書いておきたいと思う。

私が客員教授として赴任した2003年4月ころ大学前の大通りを時々トロリーバス〈架線からポールを通して電力の供給を受けて走る大型バス。写真23〉が走っていた。しかし、乗客が少ないのでいつしか廃止され、架線をつるす電柱も撤去された。半世紀以上前の戦後都内でトロリーバスが走っていたことを記憶している読者は、どれくらいおられるでしょうか。

かわりにミニバンの「ダマス」という国産のデウウズ社〈韓国大宇〈デウ〉社とウズベキスタンの合弁会社〉が製造した小型乗り合いバスが、路線番号と行き先を書いた用紙をフロントガラスに貼り付けてすいすい走り回っていた。運賃が安いことと、路線が多かったので市民に大いに人気があった。しかし、正確な時期は忘れたが、あるとき政府の命令で突然廃止された。上述のサムオート・イスズ社製の大型バスに切り換えるために各地のバス停が大急ぎで建設された。けれどもバスの台数が不足していたので、バスがなかなか来ないという不便さを市民はしばらく味わうことを余儀なくされた。これはバスが増車され、しだいに市民の足として定着

写真23　タシケント市内のトロリーバス

した。

そこへサマルカンドの新市街地の現代化を急ぐ故カリモフ大統領（サマルカンド出身）の意向で路面電車が誕生したというわけである。私が路面電車の話を東京で聞いたのは、たしか2〜3年位前だったと思う。だが本当のことかと正直耳を疑った。首都タシケントで不要になった路面電車や線路を転用するのではないか、あるいは開通にあたっては住宅街を壊すのではないかという疑問である。これらが実に無礼な考えであったことは、今回の路面電車の試乗でよくわかった。

前述のサムオート・イスズ社工場見学が終わってからオゾダ先生と路面電車の始発駅であるサマルカンド駅前に直行した。路線は2つあった。1つは、サマルカンド駅前とシャブ・バザールを往復する路線。もう1つは、サマルカンド駅前と住宅街のサテポ地区を結ぶ路線である。まず最初にサマルカンド最大のバザールがあるシヤブ・バザール行きに乗り、サマルカンド駅前へ引き返してからサテポ行きにも乗った。完成したのは、２０１６年と運転手さんから聞いた。運賃は車内に赤い字で９００スムと書いてあったが、今は１０００スムであった〈表示をいちいち書き換えないのがウズベク流。インフレで物価が値上がりするのでそのままにしておくのである〉。

小さな薄い紙の切符〈中央にロシア語でトランバイ〈路面電車〉と書かれ、番号が赤インクで印刷されていた〉は少年らしい車掌から買った。シヤブ・バザールまでの所要時間は約20分。シヤブ・バザール駅で下車する時、私は運転手さんにオゾダ先生から質問してもらった。それはタシケントを走っていた旧型〈高床型〉の路面電車とは違い、とてもスマートな車体であったからである。答えは「チェコ製の新型車」ということであった。若い頃チェコの首都プラハで見た路面電車のデザインを思い出したが、それよりはるかに洗練されたモダンなデザインに一新されていたので驚いた。私のような後期高齢者にも優しい「低床型」であった。

サテポ行きも終点まで20~30分で着いた。両線とも夕方の帰宅時間前に乗ったので、乗客は全員椅子に座れる程度。サマルカンドの市街地から離れた所に住んでいるオゾダ先生は、初めて乗ったととてもうれしそうであった。両線の沿線の様子を比較すると、シヤブ・バザール行きの方が開発が進み道路の両側には、商店やオフィスらしい新しい建物がさかんに建設されていた。一方サテポ行きの車窓から見るとまだ開発は遅れているように見受けられた。路面電車開通の経済効果が現れるのはこれからでしょう。

さて、心配した住宅の移転問題のトラブルは皆無で私のまったくの杞憂であった。というのは、両路線の道路はもともと片側４～５車線の幅の広い大通りであったからである。簡単に言えば、中央分離帯を中心にして片側１車線ずつ市電のレールを敷くために用地を削ったというわけである。ウズベキスタンの土地はすべて国有だから日本のように私有地の多い所に新線を建設するのとは大違いであったことに気がついた。路面電車開通の直接的な経済的効果がさらに発揮されて発展することは間違いないと確信した。市電は故カリモフ大統領が、故郷サマルカンド市民に贈った最後のプレゼントでしょう。

【付記１】サ外大のオゾダさんからのメール

オゾダさんからのメールによると、上記の本文がオゾダ先生の翻訳によってサ外大の学内誌に掲載されたという。拙文が翻訳で、ウズベキスタンで公表されたのは２００７年５月に開催されたサマルカンド建都２７５０年を記念する〈シルクロード国際シンポジウム〉の発表レジメについで今回が２度目である（国際シンポの報告は『〈青の都〉』１５６頁～１６１頁参照）。多少なりとも日本とウズベキスタンの〝架け橋〟になればこれに過ぎたる喜びはありません。

【付記２】ワールド航空サービス発行の『WORLD』２０１９年3月号による最新情報

それによると「ブハラからヒヴァ間は、2019年シルクロード鉄道が運航を開始した。オペレーションなどが落ち着いたところで、8月出発のツアーから取り入れる。高速鉄道ではありませんが、それでも5時間30分とバス移動より大幅に移動時間を短縮できる」（22頁）とあった。

第5章　ウズベキスタンのスポーツと「西洋音楽」

第1節　男子プロテニス選手の大活躍

著者の小学生時代とスポーツ

著者は、東京都渋谷区立鳩森小学校の児童のころは、スポーツ大好き少年であった。特に水泳と野球はお気に入りだった。まず水泳について書くとしよう。水泳は、平泳ぎが得意であった。毎年夏休みになると亡父の実家である福島県いわき市泉町にある「はっつぁき（漢字では「八崎」と書いたと思うが定かでない）」という小さな漁港でよく泳いだ。防波堤の内側は、波のない安全なプールであったが引き潮が、強いので注意した。

ある時、中学生のいとこの胡口清治さんが器用に艪をこぐ和船に伴走してもらって2～3キロくらい沖にある照島まで遠泳を試みたことがある。照島は、鵜の棲む断崖絶壁に囲まれた小さな島である。しかし、しょせん小学生には完泳はとうてい無理な話で途中で断念し、清治さんの船に助けてもらった。しかし彼は「靖夫ちゃんよく頑張ったね」ととても褒めてくれた。

野球は、当時「赤バットの川上哲治選手」と「青バットの大下弘選手」の人気が抜群で、小学生に大人気のスポーツであった。しかし、家計に余裕のないわが家では、高級な皮革製のグローブはとても買ってもらえなかった。あまりにも私が両親にねだるのでしかたなく安価な帆布製のファーストミット（あこがれの川上選手が一塁手であったから）を母が買ってくれた。うれしくて3歳年下の実弟昭と毎晩、まったく意味もないのに保革油を塗り込んでピカピカに磨き上げて大満足し抱いて寝た。

遊び場は今はなくなってしまったが、明治神宮北参道入り口の右側にあったアスファルト敷きの小さな空き地であった。狭いので本塁、一塁、三塁しかないいわゆる「三角野球」（遊び仲間では「三角ベース」と言っていたと思う）であった。そこで友達とジャンケンをして2チームになり、日没まで遊び興じた。グローブは、全員持っているわけではないので、お互いに貸しっこをした。私の帆布製のファーストミットは、毎晩の手入れのおかげで人気がありひっぱりだこであった。「モノ」がなくてもいじめもなく、皆平等に実に楽しく夕方暗くなるまで遊べたよき時代であったと思う。

またこんな思い出もあった。夏休みに鳩森小学校のグランドにあった土俵で行われた町内相撲大会の小学生の部で優勝して豪華な賞品（実弟の記憶によると「三ツ矢サイダー」1ダースであったという）をもらったり、秋の運動会ではリレー選手となって紅組6年生3組のアンカーとしてテープを切ったこともあった。実に晴れがましい思いであった。

著者の中学生時代と体育

だが、同区立外苑中学生（現在原宿外苑中学校）になったいわゆる「反抗期」に入って、日頃目立たず実におとなしい「青菜に塩」の体育教師が、秋の運動会シーズンになると俄然「水を得た魚」のように威張りだしたことに対して猛烈に反抗した。朝礼台の上からマイクを持って大声を張り上げて残暑が厳しい中、何回も無意味と思われる旧陸軍の分列行進を連想させる入退場行進の練習などをさせられたので大反発したのである。私には号令をかける体育教師の自己満足としか考えられなかった。

著者は、当時小林多喜二の『蟹工船』、『不在地主』・徳永直の『太陽のない街』・黒島伝治の『渦巻ける烏《からす》の群』などの左翼プロレタリア文学を読んでいた生意気盛りのために、体育教師に「右翼」のレッテルを貼って毛嫌いした。中年の某教師が、体育の授業中突然何を考えたか不明であるが、生徒全員を地面に座らせて反共めいたおよそ授業にふさわしくないお説教をはじめたから私は「こんちくしょう」と頭がカーッとなった。危うく取っ組み合いの喧嘩になりそうになったことがある。回りの親友たちが気配を察して体育着をつかんで止めてくれたからじっと我慢したので「事件」にならずに済んだ。通信簿の体育の成績は最低だったと思う。2年生担任の三宅先生（女性）が、成績がこれでは進学用の「内申書」に響くので、少しはおとなしくしなさいと注意していただいたことを今でもよく覚えている。以後この一件で体育やスポーツにはことごとく興味を失った。

ちなみに同校には、転入してきた銀行員の父を持つ同期生・武田道子さんのように名門女子高校・慶応義塾大学文学部（西洋史学専攻）を卒業されて、現在もなお元気にテニスを楽しまれている優雅な人も多数おられる（本書所収「中学校の同期生・武田道子さんからのウズベキスタン旅日記」参照）。私は例外中の例外である。同校の名誉のために書いておきたい。

著者のオリンピック観

１９６４年の「東京オリンピック」は、60年安保闘争の影響を国民の脳裏から完全に消去するための政治的なスポーツショーと大学４年生の著者は考えていた。そのために家の近所の明治通りを往復したエチオピアのアベベ選手（１９６０年のローマ大会の覇者。はだしのマラソンランナーとして有名）の勇姿を沿道の観客の肩越しにチラリと見物した思い出しかない。

赤いジャケットと白いズボンやスカートそして帽子を全員着用した日本選手団（テレビでは、NHKのアナウンサーが「日本の大デレゲーションが入場してきました！」と耳慣れない派手なカタカナ語を連発していた）の「日の丸」を先頭とした一糸乱れぬ入場行進には、中学生時代の運動会の練習風景のトラウマで嫌悪感すら抱いた。

2020年の「東京オリンピック」も「安保法制（戦争法）の施行」や「9条改憲」から国民の眼をそらすための国論統一の世論操作と考えているので、興味がいっこうに湧いてこない。特に安倍首相が、2016年の「リオ五輪」閉会式で「スーパーマリオ」に扮してサプライズしてから鼻白んで関心は今やゼロになった。

安倍首相を批判すると特に若い人たちから嫌われるとネット上でいわれているそうである。けれども著者は、1940年に東京で開催される予定であった「第12回オリンピック」（1938年7月15日、日中戦争―当時日本は宣戦布告せず「支那《しな》事変」とよんだが、中国は「抗日戦争」と呼称した―を理由に返上を閣議決定）が、国民精神総動員思想の「挙国一致」のキャンペーンで、中国への侵略戦争に協力する国威発揚を念頭に準備されたイベントであったことを決して忘れてはいけないと考えている。

ウズベキスタンのスポーツ界の概観

またまた前置きが長くなってしまった。しかし、〝わが第2の祖国〟となったウズベキスタンのスポーツ界のこととなると、事情がガラリとかわるから自分でも全く良くわからない。やはりウズベキスタンのことを少しでも日本の人々に知ってほしいからなのであろう。

かつてサッカーのW杯でウズベキスタンと日本が対戦したおかげで急にウズベキスタンの知

名度が上がった記憶が強いのであろう。２０１６年の「リオ五輪」でのウズベク人選手の大奮闘（特にボクシング）については、次節で取り上げる。

プロテニス　デニス・イストミン選手の大快挙

今回は、プロテニスプレーヤーであるウズベキスタンのデニス・イストミン選手が、全豪オープンで旋風を巻き起こした活躍の様子を紹介したい。

全豪オープンをテレビのＷＯＷＯＷで観戦した前述の武田道子さんから２０１７年１月24日にＦＡＸをいただいた。それによると「彼はGreatでしたね。メガネを外すとさらにイケメンですよ！5月のフレンチオープンにも出場できるといいですね」という嬉しい応援メッセージをいただいた。大快挙を心から祝福したい。私のプロテニスを見る眼が大きく変化したことを感じる。

管見の限りでは、写真入りでその大活躍を報道したのは『しんぶん赤旗』２０１７年１月25日付のスポーツ面だけだったと思う。同紙は、出典を明示してくれれば著作権料は無料だというから安心して全文引用したい。前著『ウズベキスタン』を執筆した際に経験したことであるが、いわゆる全国紙の著作権料は高すぎて無名の私のようなもの書きには容易に手が出せない。また、同紙名を明示すると党員でないのに「著者は40年来の日本共産党員である」という中傷がネット上で再度出ると思う。近年ますます『いやな感じ』（高見順著。1960年〜1963年）になってきたと思わずにいられない。

同紙の大見出しは、「イストミン爽やかに去る」、中見出しは「ジョコビッチ破り脚光」とあった。

「（メルボルン＝時事）テニスの全豪オープン男子シングルスで、3連覇を狙ったノバク・ジョコビッチ（セルビア）を2回戦で破る波乱を起こした世界ランキング117位のデニス・イストミン（ウズベキスタン）が、23日の4回戦で姿を消しました。世界15位のグリゴール・ディミトロフ（ブルガリア）に敗れましたが、大会を盛り上げたイストミンには、勝者以上に大きな拍手が送られました。

ジョコビッチを破った試合は、世界に衝撃を与えました。サービスや伸びやかなフォアがさえました。王者相手に一歩も引かず、フルセットの末に番狂わせを起こし、『こんな素晴らしい勝ち方が出来るなんて』。4時間48分の激闘でつかんだ大金星の味を、コーチを務める母とともにかみしめました。

3回戦では世界31位のパブロ・カレノ（スペイン）と5セットをたたかいました。4回戦は第1セットを奪われたものの、試合途中に右臀部《でんぶ》を痛めたこともあって逆転負け。激闘を重ねた疲労はさすがにありましたが、『内容には満足している』と敗戦を素直に受け入れました。

ジュニア時代に交通事故に遭い、2年間もテニスが出来ない日々を過ごしました。2012

年にはランキングを33位まで上げましたが、その後もけがに泣いてきた30歳の苦労人。かつてない注目と喝采を浴びた大会を終えて、『驚くほど観客には支えてもらった。本当に感謝している』。鮮烈な印象を残し、爽やかに全豪のコートを去りました」。

蛇足。私がウズベク人の妻バルノにこのニュースを教えた。彼女は、非常に嬉んでいた。しかし、後がいけなかった。私は、「サマルカンドでテニスコートを見た記憶はないが」というと、「またウズベキスタンを馬鹿にして！」といって、サマルカンドにあるテニスコートの場所を教えてくれた。それは、私がウオーキングで良く眼にしたサッカーグランドのすぐ近くにあったのである。前述の「心ここに在《あ》らざれば視《み》れども見えず」のことわざ通りであった。

第2節　「リオ五輪」で過去最高の成績

日本のメディア報道の日本偏重

日本のメディアでは、ブラジルで開催された「リオ五輪」のニュースで「日本選手が大活躍メダルラッシュ」を連日大々的に報道した。いくらスポーツ嫌いの著者でも卓球、体操、バドミントンの日本選手の活躍は、新聞を見て嬉しかった。

ことに私は法政大学の卒業生であるから後輩の重量挙げ女子48キロ級の三宅宏実選手が、銅メダルを獲得し、感激のあまりバーベルをハグしたシーンは、眼に焼き付いている。彼女が腰痛に悩まされて、不本意な成績に終わるのではないかという不安が脳裏をかすめていただけに最後の試技で、渾身の力を振り絞ってバーベルを持ち上げてメダルを掌中にしたのにはとても感激した。

これは余談になるが、法政大学の卒業生組織である「校友会」のある集いで彼女が来賓としてスピーチしたとき初めてお眼にかかった。意外に小柄なので驚いた。48キロ級であるから当然といわれればそれまでであるが、メディアで見る勇姿とは異なりやさしい感じの人でますます応援しようと思った。

しかし、日本のメディアの報道は、日本偏重で世界の選手の活躍についてはまったくといってよいほど取り上げない。まして知名度の低い〝わが第２の祖国〟であるウズベキスタンの選手の様子は皆目わからなかった。

ウズベキスタン選手団の大躍進

そこへ『福岡・ウズベキスタン友好協会ニュース』No.１４２（２０１6年9月11日発行）が郵送されてきた。すぐに読んだことはいうまでもない。駐日ウズベキスタン大使館ハサノフ書記官提供の９葉のきれいなカラー写真とともに記事があった。それを資料にしてリライトしたい。

２０１６年のリオ・オリンピックで、ウズベキスタンの選手たちは、１９９１年の独立以来、過去最高のメダル獲得数13個という成績を収めた。その内訳は、金メダル４（ボクシング3、重量挙げ1）、銀メダル２（ボクシング）、銅メダル７（ボクシング2、レスリング〈フリースタイル〉2、同〈グレコローマンスタイル〉1、柔道2）であり、参加２０７ヵ国中21位となった。ウズベキスタンの選手団は、アジアの中で第４位、ＣＩＳ（独立国家共同体）諸国の中で第２位、中央アジア５ヵ国で第１位であった。

また、ボクシングではメダル獲得数が1位となり、世界でもっともボクシングが強い国として名を馳せた。ボクシングの代表選手10人のうち、7人がメダルを手中にした。そして重量挙げのルスラン・ヌルディノフ選手は237キロを持ち上げ、オリンピック記録を塗り替える快挙を成し遂げた。

これらの好成績は、故カリモフ大統領が選手に対して大きな配慮をし、選手たちのために練習環境を十分に整えたことによる成果である。また、選手たちの日々の大きな努力と強い意志、彼らを高いレベルまで育ててくれたコーチ陣への感謝の気持ちがあったればこそである。

なお「リオ五輪」には、合計70人のウズベク人選手が15種目に出場した。中でもテコンドー、体操、カヌーの選手たちも健闘した。2020年東京オリンピックでは、彼らの活躍する姿を大いに応援したいと思っている。

第3節　男子フィギュア・スケート選手の大健闘

畏友武田道子さんからのＦＡＸに感謝

「持つべきものは友なり」は至言である。２０１７年2月18日、友人の武田道子さんから再度ＦＡＸをいただいた。

それには「昨夜はテレビのＷＯＷＯＷで四大陸男子フィギュア・スケート選手権の放送があり、ウズベキスタンのミーシャ・ジャー選手（カナダ大会では6位）が羽生選手と同じ最終グループに入って美しく丁寧な演技を見せてくれましたよ！明日19日は、フリーに出ると思うのでぜひ見てください。フジテレビ夜7時からです」と書かれていた。また新しいウズベキスタンの魅力を紹介できると良友に心から感謝したい。

ミーシャ・ジャー選手の健闘

見損なうといけないので念のため妻に録画を頼んだ。（私はまったくの機械オンチで今の複雑？な装置では不可能）当日は、都合よく帰宅が夜7時前であったので、普段あまり見ないテレビのスイッチを入れた。ミーシャ・ジャー選手は4番目にリンクに登場した。小柄だが金髪で顔の白いのが印象に残った。演技中に金の十字架のネックレスをしていたのが見えたので、ロシア正教徒のロシア人ではないかと思う。

さて彼の演技は、チャイコフスキー作曲のバレエ音楽『くるみ割り人形』の曲に乗って始まった。中継する男性アナウンサーの発する演技の細かいテクニカルタームは門外漢の著者にはよくわからない。女性の解説者が「ジャンプに安定感がある」とか「ミーシャ・ジャーらしさを存分に見せてくれて会場を引きつけている」という言葉を信じて見ていたというのが本当のところである。夜7時40分に演技終了。その時点で総合なんと「2位」であった。会場のファンから「日の丸」や「星条旗」がさかんに振られていたが、残念ながらウズベキスタンの国旗は見当たらなかった。会場の韓国・江陵まで応援に行けるウズベク人はいなかったのであろう。私は、急ぎの原稿があったので中座したため最後まで観戦できなかった。

翌日（20日）のある新聞のスポーツ面の記事で結果を紹介したい。大見出しは「羽生2位宇野３位」、中見出し「五輪リンクでの敗北」とあった。

渋谷区立中央図書館で他の新聞のスポーツ面を調べたが、大同小異でわがミーシャ・ジャー選手の健闘については一言半句すらなかった。妻にネットで調べてもらったら総合で「７位」ということであった。カナダでの「６位」といい今選手権の「７位」といい立派な活躍であろう。将来に大きく期待したい。

参考資料

蛇足になると思うが、上述の拙文を理解していただく参考のために３点書いておきたいことがある。

①夏は40度くらいの猛暑になる首都タシケントには、妻の話によると「アイススケートリンク」があるそうである。ソ連邦時代から同リンクはあったと思うが、ウズベキスタン政府がスポーツ振興に尽力している成果の一端をまた見せてもらった。

②ウズベキスタンは、多民族国家で一説には１００以上の民族が暮らしているという。「人口は約２９５６万人（２０１２年推計）、民族構成はウズベク人が80％と大半を占め、ロシア人５・５％、タジク人４・８％、タタール人１・２％などである」。（『日本大百科全書』、小学館）。

③宗教は国民の90％がイスラム教徒であるといわれている。著者がサマルカンドで見た他宗教の教会には、ロシア正教会・カトリック教会・韓国系のプロテスタント教会・アルメニア教会（アルメニア社会に広く受け入れられているキリスト教会）があった。それぞれ信者数は少ないが、日曜礼拝などの宗教活動を行っていた。ロシア・イコン（聖画像）に飾られたロシア正教会では、ア・カペラの讃美歌のコーラスの見事さに感動した。ロシアの大地に根ざしたような重厚な歌声に聞き耳を立てた。また、カトリック教会では、クリスマス・イブのミサを見学した。ここでは「きよしこの夜」の歌を聴いた。なんという美しく澄んだ歌があるのだろうと改めて感銘を受けた。ただパイプオルガンのかわりに「ヤマハ製」のエレクトーンを使用していたことが妙に記憶に残っている。

第4節　「西洋音楽」に著者が飢えた日々

サマルカンドの生活で困ったこと

〈青の都〉サマルカンドに暮らして生活上困るのは、社会的インフラである水道・ガス・電気・ネット環境の問題であろう。ネット環境は、生活し始めた15年前とくらべて現在はかなり改善したように思う。

しかし、断水・ガス切れ・停電は今でもあるようである。旅行者は、ウズベキスタンが〝観光立国〟をめざしているので優遇されているホテル滞在であるから、到着地でトイレの水が出ない、お湯が出ない、電気がつかないということがたまたまあっても申し訳ないが、「一過性」である。次の都市のホテルへ行けばノープロブレムということもあるであろう。

常住すれば、たとえ1ヵ月でも大変である。ウズベキスタンは大陸性気候のために夏は気温が35℃～40℃くらいまで上がる。ただ空気が乾燥しているので木陰はとてもしのぎやすい。逆に冬は、マイナス10℃～15℃以下に下がるので、冬のガス切れや停電は、生活に直結する問題であるために不便以上であることはいうまでもない。

西洋音楽の飢餓感について

さて本題の「西洋音楽」のことである。私はガラにもなくクラシック音楽のコンサートに行くことを楽しみにしている。それとの「絶縁」の困惑については、趣味の問題であるから邦人日本語教師の間でも語られることはまずない。また、CDで代用できるのではないかと思われる人もおられるであろう。けれども自宅などでのCD鑑賞よりも空間的・時間的に非日常性が確保され、音響効果のすぐれた演奏会場での生演奏の鑑賞を嗜好する著者には、実に耐えがたかったのである。

著者が住んでいたサマルカンドには、「西洋音楽」のコンサートは一切なかったのである。勤務校の学生たちもモーツァルトやベートーヴェンの名前は知っているが、ほとんど楽曲を聴いたことがないという。教え子たちの結婚式に「主賓」として招待され、はじめは興味があったので足繁く列席した。外国人が「主賓」として列席しスピーチをするのは、その結婚式のステータスとして格上になるのだそうである。そのために招待された著者は、わざわざ大きなスピーカーのある上席に座らされる。そこから流れてくる音楽は、大音量の現代のウズベキスタン音楽とロシアの最新ポップスなどのダンスミュージックである。アンプで増幅された大音量のモダンな音楽は、著者の極めて苦手とするものである。

念のために言っておきたいが著者は、音楽に「優劣上下」があるといっているのでは寸毫もない。アンプを使わないウズベクの民族楽器、例えば弦楽器の「ルバーブ」や大きなタンバリンのような「ドイラ」などを使っただけの詩の朗唱のような歌唱は、著者の好みにあっている（前記1冊目の97頁～98頁参照。なお同書では後者を「ドライ」と表記したが「ドイラ」の誤植であったので訂正したい）。「西洋音楽」の飢餓感に対する窮余の解決策は、一番最後に書きたい。

著者の「西洋音楽」遍歴の始まり

ここでは、恐縮ではあるが、著者の「西洋音楽」の趣味歴から書きたい。もっとも「西洋音楽」で影響を受けたのは、今から約60年前の中学校の音楽の教科書の一節である。曰わく、「どんなにLPやステレオが発達しても、音楽会の生の演奏にはかなわない。アマチュアのオーケストラでもそうである」。この至言は、齢70歳を超えた今でも生きている。LPがCDになり、ステレオ録音技術が改良され、スピーカーやアンプの性能が目覚ましく向上してもそうである。また、アンプはICが良いか、真空管が良いかという意見の違いがあるようであるが、著者は聞き分ける能力の有無ばかりでなく、音楽の聴き方として再生音には、前述のようにあまり興味がないからどちらともいいがたい。

話は脱線するが、神奈川県の某公立高校の教頭をしておられた先生が、毎月発行されるクラシック音楽雑誌のCD評を読んで買ったCDを自宅の高級な再生装置で聴くのが生きがいだといった一言が今でも忘れられない。彼はハイドンの交響曲が好きだと言って一枚CDをくださったが、一度聴いただけで失礼した。管理職ことに教頭は、超多忙なので同情を禁じ得なかった。彼は本当は胡口さんのようにコンサートに行って聴きたいのだが、残念ながらそうする時間的なゆとりがないというのである。

高校時代のこと

著者のクラシック・コンサート歴の最初期で非常に印象に残っているのは、東京オリンピック前の旧東京体育館で開かれたチェコスロバキア（当時）のプラハ交響楽団の演奏会である。指揮は巨匠といわれたカレル・アンチェルであったと記憶している。チケットの半券は、自宅改築前までは机の引き出しの「宝物箱」に大切に保管していた。けれども2回にわたる引っ越し作業で残念ながら紛失してしまった。たかが半券というなかれ。

都立千歳丘高校で国語（古典）を担当しておられた本庄道夫先生が、著者たちの担任のクラスの生徒によびかけてこの演奏会の参加希望者を募ってくださった。１９５７年頃の話である。会場は著者の自宅から歩いて10分くらい。「社会主義国」であるチェコスロバキアの交響楽団の演奏会のためであろうか、高校生には破格に安い学割もあったから〝貧乏〟な著者でも親に訳を話して買ってもらえたのである。本庄先生のご苦労は相当なものであったと思うが、現在ではとても考えられない快挙である。まず、「夜間」に生徒を引率されることは不可能であろう。管理主義に凝り固まった学校長が許可するとは到底思えない。先生の「楽恩」には心から感謝している。同窓会でお眼にかかり心からお礼を言上したいと思っている。

曲目は、当然十八番《おはこ》のチェコスロバキアの作曲家・スメタナの6曲からなる連作交響詩『わが祖国』からとりわけ愛好されている第2曲『モルダウ』など2～3曲とドヴォルジャーク作曲の交響曲第9番『新世界より』であった。今は、コンサートホールの音響がどうの、残響が何秒であるとかかまびすしい。しかし、当時はクラシックのコンサートにまったく不向きな東京体育館であっても格安の料金で「本場の生の音楽が聴けた」というので聴衆は大熱狂した。しかし、のちにヨーロッパの演奏会やオペラでごく普通に経験したスタンディング・オベーションなどというシャレたことはなかったが、拍手は鳴り止まなかった。

興奮冷めやらぬうちに最寄り駅の中央線・千駄ヶ谷駅前で先生にお礼を言い早々に解散した。世田谷区内に住む女子高生が何人かいたからである。翌朝のホームルームでは、参加できなかったクラスメートのことをおもんばかって静かにおとなしくしていたが、胸の内には話したい感動でいっぱいであった。「音楽会の生の演奏にはかなわない」という前述の音楽の教科書の一節は、きわめて正しいという確信をえた。

著者とジャズの出会い

しかし、若い頃からクラシック音楽一辺倒だったというわけではない。高校時代に恋人とデートで見に行ったジャズの国アメリカのニューポートで開かれた「第5回ニューポート・ジャズフェスティバル」でのドキュメンタリー映画『真夏の夜のジャズ』（1960年公開）でモダン・ジャズの虜になった。アート・ブレーキーの汗を飛び散らせながらスティックで叩くドラム演奏には痺れた。また、サッチモ〈カバンのような大きな口〉の愛称をもつルイ・アームストロングの即興のトランペットやだみ声の歌『聖者が街にやってくる』も忘れられない。新宿・伊勢丹デパートの近くにあったライブハウス「ピットイン」にも通ったことがあった。けれども何故か理由はよく覚えていないがいつしか足が遠のいた。

著者とバッハとの出会い

逆に同上の作品の映画監督の意図はよく理解できなかったが、『旧約聖書』になぞらえられるバッハの『無伴奏チェロ組曲』第1番の最初の曲である「プレリュード」（前奏曲）を練習する映画に挿入された1シーンの思い出が、年齢を重ねるにしたがって大きくなりチェロの音色の魅力にひかれていったのである。愛してやまないバッハの『無伴奏チェロ組曲全曲演奏会』で記憶に残っているのは、ミッシャ・マイスキーさん、ヨー・ヨー・マさん、長谷川陽子さんである。特に彼女は、一般には二夜に分けて演奏されるのだが、たしか一晩で全６曲を一挙に演奏したと思う。あまりにも素晴らしい演奏であったから、記念に会場で彼女のエッセイ集『チェロの森』（時事通信社、２０１０年）を買い求めた。その夜、一気呵成に読み終えた。もっとも面白かったのは、やはり「バッハ演奏ノート」の一節だった。

「西洋音楽」に対する飢餓感の窮余の解決策

前置きが長すぎたようである。本題に戻りたい。「西洋音楽」の生演奏をどうしても時々聞きたいという著者の切実な願いを妻バルノの誕生パーティーで聞いたウズベク人の伯父（タシケント在住）が、２つの方法を教えてくれた。

第１は、タシケントで開かれるクラシック・コンサートを聴きに行くこと。第２は、「ナボイ劇場」へオペラの観劇に行くことだという。第２については、本書の「サマルカンド出身の世界的テノール歌手の出現」でその経緯を書くので、ここでは第１に焦点を絞りたい。

伯父からは、新聞などで情報がわかったら妻に知らせてくれることになっているから首を長くして待っていた。しかし、なかなか朗報はこなかった。そろそろ待ちくたびれて忘れかけていた頃、ひょっこり伯父から電話があったという。詳しい日時はすっかり忘却しているので、今から10年以上前の夏の某月某日（日曜日）の午後2時頃としておきたい。タシケントのカトリック教会（ひとつしかないという）でパイプオルガン・コンサートがあるので聴きにきたらという内容であったという。オーケストラは無理でもせめて室内楽か『新約聖書』に例えられるベートーヴェンの『チェロソナタ』全5曲のうち2〜3曲のコンサートを期待していたので、パイプオルガンのコンサートは実に意外であった。失礼きわまりないがまさかウズベキスタンにパイプオルガンがあるとは思ってもいなかったのである。しかし、パイプオルガンの音色は、最も好むことの一つであったから東京・名古屋間に匹敵する約３００㎞の悪路を汗をかきかき義弟が運転してくれる自家用車によって1泊2日で往復することにした。

ちなみにサントリー・ホールが約30年前にオープンした時、本格的なパイプオルガンが設置されたので、盛んに同ホールで「パイプオルガン・レクチャーコンサート」が開催され足繁く通ったこと。さらにパイプオルガンを聴くことと小さな美術館（例えばモネ『印象・日の出』を所蔵し、印象派の美術館として知られる「マルモッタン美術館」など）を訪れるために、現役の高校教員時代にある年の冬のフランスへ行ったことを思い出した。パイプオルガンに関していえば、パリのノートル・ダム大聖堂でミサの時に聴いた天から神々しく降ってくるような荘厳で残響の長い音色に深い感銘を受けた。最近不幸にも火災にあったが、パイプオルガンは無事に難を逃れたという。今一度あの響きをこの耳でしっかりと聴いてみたいと思う。またあるフランスの地方の教会でパイプオルガンの練習をする少女の姿も忘れられない思い出である。

余談。ブルックナーの交響曲『第９番』は著者の最も愛する１曲である。それは彼が、オーストリアのリンツ大聖堂などの有名なパイプオルガン奏者としての経験に基づいた音響効果を重視して作曲し、ゴシック様式やバロック様式の教会堂建築にも通じるような深い宗教性に根ざす純粋な構築美を目指した作品だと感じるからである。彼は、生前この『第９番』を「愛する神に」捧げるつもりだったと伝えられている。

さて、本題のタシケントの夏のパイプオルガンコンサートに話を戻したい。まず、あまり大きくない堂内に入って驚いたのは、シルクロードの夏の太陽がさんさんと降り注ぎとても明るかったということである。ヨーロッパの教会は、ゴシック様式であれ、バロック様式であれ夏の昼間でも大きな堂内は薄暗く、空気もひんやりしていたのとは好対照であった。

また、プログラムが読めないから作曲者や曲名が皆目わからなかったのにも困った。初めてパイプオルガンを聴く妻バルノに訳してもらったが、よくわからないという。既述のサントリーホールの「パイプオルガン・レクチャーコンサート」でよく聞いて、慣れ親しんだ北ドイツ・オルガン楽派のブクステフーデ、バッハ、ヘンデルなどが作曲した作品はなかったように思う。さらに音色もパイプオルガンが、あまり大きなものといえなかったから重厚というより軽めという印象を受けた。

著者にとっては万事異例づくめのオルガンコンサートであったが、シルクロードの夏のしかもイスラム教を国教とするウズベキスタンで「西洋音楽」の一端を聴いたので、十分満足してサマルカンドへ帰った。今にして思えば、貴重な経験をさせていただいた伯父に深謝したい。

【付記】「西洋音楽」に限らず「音楽」を楽しむためには、音響の良いコンサートホールが必要であることは自明の理である。最近のウズベキスタンのコンサートホールの様子を伝える情報を読んだ。「会場は、首都タシケントの国立音楽大学院のホール（文章中の写真によるとステージ後方全面に巨大なパイプオルガンが設置されている。―著者注）。教会のような雰囲気で、響きが素晴らしい。ヨーロッパによくあったドーム型の天井ほどの残響がなく、マイク不要。響きのいいところだと、声の出やすさが格段に違います。自分の声で突っ張るのではなく、ホール全体に響く声の振動を体が受け止めて、身体が伸びやかに開いていく感覚。（中略）今回の旅ではこのうれしい感覚が味わえました。（玉川奈々福「浪花節、中央アジアを行く！―ウズベキスタン編―」『うえの』№７１５、２０１８年11月号。上野のれん会刊より転載）。著者も一度はそこで「西洋音楽」を聞いてみたかった。

第５節　サマルカンド出身の世界的テノール歌手の出現

20年ぶりにゼッフィレッリ演出のオペラ『アイーダ』を観る

２０１８年４月のある日「新国立劇場　開場20周年記念特別公演」と銘打ったヴェルディ作曲『アイーダ』を著者は観に行った。この演目は、20年前に同劇場が開場に際して将来の「至宝」にするために巨費を投じて、イタリア・フィレンツェ生まれのオペラ演出家（映画監督としても著名）フランコ・ゼッフィレッリを招聘して、演出・美術・衣裳を委嘱した意欲的な作品である。まさに同オペラハウスの命運をかけた「切札」となるべく期待されて制作されたものである。

ゼッフィレッリのリアリズムを主軸として、音楽とドラマを視覚的な美しさで見せるオペラ演出は、彼自身のデザインによる絢爛豪華な美術、衣裳も含めて欧米で高く評価されていたことは知っていたので、１９９８年１月の柿落《こけらおと》し公演をとても楽しみにして観に行った記憶が鮮明にある。

第2幕〔第2場〕の「凱旋の場」にテーベの壮大な城門がステージに姿を現したとき、観客が一斉にどよめき口々に「すごい舞台美術だ！」と感嘆の声を挙げたことをつい昨日のことのように思い出す。城門前の太いヒエログリフが刻まれた列柱、巨大な神の坐像に私も思わず息をのんだ。ここでエジプトの勝利を祝う総勢300名を超える出演者の声に続き、〈凱旋行進曲〉が奏され、2種のアイーダトランペットが鳴り響く中エジプトの最高司令官ラダメスが登場する。場内は興奮の坩堝《るつぼ》と化した。

ゼッフィレッリの日本のオペラファンへのメッセージ

ゼッフィレッリは、開場20周年記念公演にあたり次のようなメッセージをプログラムに寄せた。非常に長文である。日本のオペラの水準──多少ご祝儀で過褒の感はいなめない──を読者の皆様に理解していただきたいので、メッセージの後半のみ若干省略して転載したい。

「オペラは、まさにあらゆる芸術の縮図です。そこでは、ドラマ、歌、演技、視覚芸術、色彩、ライティングといったすべての芸術が、〝音楽〟という至高の権威のもとに巻き込まれて一つになり、文化の究極の頂点が表現されているのです。このことは、若い世代に親しまれて人気のある現代的な表現においても、例外なく言えることです。

日本は、ここ数世代にわたって、このようなオペラの芸術的な本質をすでに理解してきました。私は今も、過去に日本を訪れた時のことを思い出します。スカラ座やメトロポリタン歌劇場、ボリショイ劇場と共に、またその他の劇団と共に日本を訪れたとき、日本の方々の反響に、私は驚嘆し、そしてまた称賛の念を覚えたものでした。日本の方々がオペラという芸術形式に対して無上の歓びを表し、興奮し、熱狂されるさまを、私はこの目で見て取ることができたのです。

そして、日本は、歴史的な転機に到達し、ついに、日本人自らが、自身の力と才能によって国立オペラハウスを誕生させました。

新国立劇場開場20周年記念企画の一角を担う幸福にあずかり、この喜びと誇りを言い表す言葉が私には見つからないほどです。日本におけるオペラの勝利の凱旋に、筆舌し難いほどの喜びを覚えます。（以下略）」

主役ラダメスを歌ったテノールのマヴリャーノフの批評と紹介

今を去る半世紀前の夏にローマのカラカラ浴場遺跡の野外オペラで観た生きている動物も登場するスペクタクルな『アイーダ』にすっかり感激し、それ以来オペラに心を奪われるようになったから思わず前置きが長くなってしまった。本題に入る。

この20周年記念の『アイーダ』公演にラダメス役としてウズベキスタン出身のナジミディィ

ン・マヴリャーノフ（テノール）が出演することはチラシを見て知っていた。第1幕（第1場）の「古代エジプト、メンフィス宮殿の場」である。神官ランフィスは、武将ラダメスに「最高司令官を決めるお告げが出た」と話す。ラダメスは期待しつつ、愛する敵国エチオピアの女奴隷アイーダ（実は王女）を想う名アリア〈清きアイーダ〉を歌う。マヴリャーノフは、声量は劇場を圧するほどではないが、よく透き通った明澄な声で切々とアイーダへの恋心を歌い演じた。「ブラボー」「ブラボー」の嵐。私はびっくり仰天した。いつの間にこのような名歌手が、ウズベキスタンで誕生したのかといぶかった。

写真24 「ナボイ劇場」のオペラ『道化師』より

２００３年の春、サ外大に赴任してから数年間サマルカンドで通年暮らしていたとき、クラシック音楽に飢えるとタシケントの「ナボイ劇場」へオペラを観るために、約３００㎞の悪路を遠しとせず暑くても寒くても片道昼食を含めて5～6時間車にゆられて通った。今でも特によく覚えているのはレオンカバッロ作曲『道化師（パリアッチ）』である（写真24）。南イタリアを舞台に旅芝居一座の座長カニオが、芝居を演じているうちに激しい嫉妬のあまり現実と虚構の区別がつかなくなって妻を殺してしまう悲劇。表出力の強い主人公のアリア〈衣裳を着けろ〉はとくに有名である。歌手の名前は忘れてしまったが、心にしみる名演でした。旅の疲れが一気に吹き飛んだ。また、サ外大の学生たちのために、頑張ろうと気持ちを新たにしたのもつい昨日のことことのように思う。懐かしき〝わが老春〟の思い出の一コマである。

ただこの時の歌手は、カニオ役の主役や合唱を含めておそらくほとんどロシア人ではなかったかと思う。その他のオペラも大同小異で歌手陣にウズベク人はあまり出演していなかったかららラダメスを歌ったマヴリャーノフの歌唱力に喫驚したのである。あわてて第1幕終了後プログラムを購読した。そのプロフィールを紹介する。

ラダメス：ナジミディン・マヴリャーノフ〈テノール〉

ウズベキスタンのサマルカンド出身。タシケントの音楽院を卒業後、タシケント・（ナボイ劇場―著者注）オペラのソリストとなる。２０１０年からモスクワのスタニスラフスキーおよびネミロヴィチ・ダンチェンコ記念モスクワ・アカデミー音楽劇場専属歌手として『アイーダ』ラダメス、『カルメン』ドン・ホセなど多くのオペラに出演。２０１３年フランダース・オペラ『トスカ』カヴァラドッシで成功を収め、以来欧州の歌劇場に次々出演。ライン・ドイツ・オペラ『トスカ』カヴァラドッシ、（サンクトペテルブルクの―著者注）マリインスキー劇場『蝶々夫人』ピンカートン、英国ロイヤルオペラ『イル・トロヴァトーレ』マンリーコなどを演じている。新国立劇場初登場。

「サマルカンド出身」とあることにサマルカンド・ファーストの著者は2度驚いた。欧州の主要オペラハウスに主役として出演しているキャリアにも驚きを禁じえなかった。近いうちに再来日してプッチーニ作曲『トスカ』の画家カヴァラドッシが歌う叙情的アリア〈星も光りぬ〉をぜひとも聴いてみたいと密かに期待している。

ウズベキスタンのオペラ事情

最後に余談だが、ウズベキスタンのオペラ事情を簡単に紹介したいと思う。ウズベキスタンは、たしかに日本から見れば経済的に発展途上国である。しかし、オペラ事情は断然異なる。経済的に苦境にあっても国家予算をもってオペラ振興にとても力を入れている。それは日本とウズベキスタンのオペラ公演の演目と日数を客観的に比較すれば一目瞭然である。

日本の新国立劇場（オペラハウス）の2017年から2018年のオペラシーズン（8月と9月は休演）は、10月のワグナー作曲『神々の黄昏《たそがれ》』から始まり翌年7月のプッチーニ作曲『トスカ』まで1ヵ月に1演目しか取り上げない。しかもその公演日数はわずかに3日間から多くて『アイーダ』の7日間である。平均4・8日である。

これに対してウズベキスタン・オペラの本場である「ナボイ劇場」は、ほぼ通年（7月と8月の夏季も上演していたか記憶は定かではない）毎日演目は日替わり（ヨーロッパの著名なオペラ劇場、たとえばウィーンの国立歌劇場のオペラシーズンでは常識）で開演している。観客の多寡を度外視してオペラ文化の灯を守り続けている。この情熱が、マヴリャーノフのような世界で活躍できる逸材を産みだした原動力であると著者は考えている。日本の文化芸術予算は、世界有数の軍事力を持つ自衛隊の防衛予算に比較してあまりにも貧弱である。主権者（納税者）である国民はもっと怒りの声をあげるべきではないか。

ちなみに『中央公論』2018年11月号が、「クラッシクに未来はあるか」という特集を組んだ。その中で指揮者の大友直人氏と音楽評論家の片山杜秀氏の対談に注目した。片山氏は「オーケストラやオペラなど大人数の出演者を要するクラシックの公演は、満員になっても『ペイしない』ので、公共や民間の助成を受けないと成り立たない」と指摘する。これに対して大友氏は「今の日本の社会は、基本的に文化活動に興味がありません」と応じている。著者は、大友氏の言葉を重く受け止めたい。前述の「ナボイ劇場」で観た『道化師』公演の時は、1400の客席数に対して観客は本当に少なかった。もうひとつの大きな違いは、女性のオペラ指揮者の有無である。新国立劇場のオペラハウスの指揮者は、男性の外国人（2018年5月のベートーヴェン作曲の唯一のオペラ『フィデリオ』の指揮者は、芸術監督の飯守泰次郎氏だったが、これは例外的）である。

一方ナボイ劇場の指揮者には、同一人かもしれないが女性をしばしば見かけた。前述の『道化師』を観たときも女性の指揮者（口絵4参照）が、棒を振っていた。また国営ウズベキスタン航空の機内誌に女性のオペラ指揮者特集があったことははっきりと覚えている。

余談。ウズベキスタンでは著作権や肖像権保護の考えがゆるいのか、オペラ公演中フラッシュをたいて観客がさかんに写真を撮影していた。私も記念に写した。それが（口絵4と写真24）である。

第６節　著者と日本フィルハーモニー交響楽団

日本フィルとの出会い

クラシック・コンサートの鑑賞を好む著者にとって日本フィルハーモニー交響楽団は、いろいろな縁で特別な存在である。本書のテーマから少しはずれるがここで節を改めて述べたい。著者の勤務先が私立高校から公立高校に変わり多少なりとも生活が、安定してきたからコンサートをたまに聴きに行けるようになった。ちょうどその頃１９５６年６月に創立され、わが国のオーケストラがそれまでドイツ系音楽を主に演奏してきた中で、日本人作曲家の作品を積極的に委嘱して取り上げるなど、その地歩を確実に固めつつあった日本フィルハーモニー交響楽団（創立指揮者渡邉暁雄《あけお》氏。以下日本フィルと略す）の労働組合が１９７１年12月19日、年末恒例のベートーヴェンの『第９』の演奏会を日本のオーケストラ史上初のストライキ決行で中止したという歴史を知ったのである。当時の吉川利幸労組委員長は切々と次のように訴えたという。「33歳・子ども２人、入団８年で月給６万４５４０円、これが私たちの平均賃金です。世界の文化国家を自認する日本の代表的オーケストラ団員の生活の実態です。私たちはいい音を出すのに必要な最低の暮らしに近づきたい。人間らしい暮らしがしたいのです」(『日本フィルの2500日』日本フィル労働組合、1979年。7頁)。私ごとで恥ずかしいが、32歳で初めて私立高校の日本史教員として教壇に立った時の「生活実態」と似たりよったりであった。「家計は火の車」で日本古代史の研究書を買う金にも事欠いた。そのようなわけで日本フィルのストは、決して他人事とは思えなかったので、支援の輪に加わった。

日本フィル争議と首席指揮者小澤征爾氏の豹変

争議の原因は、ストを決行した結果それまで専属契約を結んでいたフジテレビと文化放送が、創立12年目の1972年3月日本フィルに対して放送契約の打ち切りを通告したことに端を発している。「ストをやるような日本フィルはつぶしてやる!」。日本の音楽史上最初のストライキに激怒したフジテレビの当時の鹿内社長は、文化放送友田社長とこのように語らい、3ヵ月後の同年6月30日、財団法人を解散し、全員を解雇したのである。

ここで驚いたことが起こった。当初「第9ストは当然」といっていた日本フィルの首席指揮者小澤征爾氏が、翌7月1日財団法人解散に伴い楽団員の3分の1(13人の首席奏者の内10人を含む)を率い、楽団所属の大型楽器(コントラファゴット・ティンパニーなど)のほとんどを秘かに移動して、新日本フィルハーモニー交響楽団（以下「新日本フィル」と略す）を創設し分離独立した。

日本フィルの楽団員3分の2（弦楽器を中心に53名。首席奏者の内ヴィオラ、クラリネット、コントラバスの3人を含む）は、オーケストラと労働組合（結成は1971年5月）にとどまり、自主的な演奏活動で運営資金を生み出し、不当解雇に対する救済を求めて東京地方裁判所へ提訴して解決を求めた。日本フィルは存立の危機に立たされたのである。

小澤征爾氏私感

著者が思うに小澤氏が新日本フィルを分離独立させたということは、氏が日本フィル「分裂」の「仕掛け人」だったということであろうか。『朝日新聞』2015年5月11日付夕刊の「音楽を継ぐ」シリーズの山本直純④の項には、「日本芸術院賞の授賞式で、小沢征爾（79）は、『日本フィルを助けて』と（昭和）天皇に『直訴した』」と記されている。しかし、これは第3者が検証不可能なことである。

小澤氏の世評はすこぶる高いが、著者はどうも「人間」的に好きになれない。「指揮者には野心家が多い」（当時新国立劇場オペラ芸術監督の飯守泰次郎氏談。『しんぶん赤旗』2014年11月3日付「日曜インタビュー」による）といわれているが、彼は〝大〟野心家であると推察する。

チェリストであり偉大な教育者であった斎藤秀雄氏を顕彰するために没後10年にあたる１９８４年、彼の弟子である小澤征爾氏と秋山和慶氏の呼びかけにより、２人の意思に共感した世界で活躍する同門が一堂に集いメモリアル・コンサートを行った。そこで誕生したのが、「サイトウ・キネン・オーオケストラ」である。２０１４年度文化功労者に選ばれた秋山和慶氏も当初はタクトを振っていた。けれども最近は秋山氏の指揮はあまり見なくなった。

１９９２年小澤征爾総監督のもと同オーケストラが母体となり第１回「サイトウ・キネン・フェスティバル松本」が長野県松本市で始まった。だがこれは２０１５年から「セイジ・オザワ・松本フェスティバル」に名称が変更になった。「恩師」である「サイトウ・ヒデオ」を知る人が少なくなったのは事実であろう。だが「サイトウ」氏からすれば「庇を貸して母屋を取られる」ことになった。小澤征爾氏の取り巻きの人々がいくら改称を勧めても断固固辞するのが「日本人の謙譲の美徳」ではないであろうか。

『朝日新聞』２０１５年1月10日付のｂｅ面のフロントランナー欄において「マエストロ、節目の年に挑む」という大見出しで小澤征爾氏を取り上げていた。その中で「サイトウ・キネン・フェスティバル松本」から「セイジ・オザワ松本フェスティバル」への改称問題について書いてあった。それによると「（客演指揮者を招く際に）サイトウ・キネンだと（キネンの意味などを）説明しなければならない。僕の名前がついていれば、セイジの音楽祭だとすぐわかってくれる」とあった。小澤氏自らのこの発言には驚きを禁じえなかった。

「キネンの意味」の英訳がそんなに難しいことなのであろうか。この記事を書かれた記者もクラシック音楽界の大御所のご機嫌をそこねたら今後仕事に支障があるというへっぴり腰で「本質」に迫っていない提灯持ちである。日本のジャーナリズムの限界をみた思いである。

元日本フィルヴィオラ首席奏者の赤星昭生氏との会話

ところで、食わず嫌いの著者は、小澤征爾氏の演奏会を一度も聴きに行っていないので、彼の紡ぎ出す音楽がどのようなものなのか言及は差し控える。ただ日本フィルに残留し、再建に献身された知人の元ヴィオラ首席奏者の赤星昭生氏（写真25）と何回かお話しする機会があり、日本フィル関係の資料もいただいた。小澤氏については穏和で丁寧な話し方で次のように語ってくれた。「小澤さんは、動物的な音楽の吸収力を持っている。米国のボストン・シンフォニー・オーケストラの指揮をして帰ってくると、〈ボストンの音〉を日本フィルに持ってきてくれたことは高く評価したい」。

写真25　赤星昭生氏〈首席ヴィオラ奏者〉『日本フィルの2500日』より

氏は、日本フィルとボストン交響楽団との楽員交換によって１９６７年～１９６８年の約２

年間ボストンでヴィオラを弾いてこられた。〈ボストンの音〉を熟知しておられると思われるので、信用できる証言である。

日本フィル争議と著者

さて、著者は分裂後の日本フィルの「演奏家の生存権や団結権を擁護する」という争議支援のために定期演奏会に時々足を運んだ。けれども正直いって楽員の表情がさえなかった。「笑顔」がなかったのである。それはそうであろう。「分裂後の演奏会のスケジュールが埋まらず、冬を迎えた。労組からの仮支給も切れ、メンバーも1人減り、2人減りした。プールした運営資金を取り崩し、各自の稼ぎに応じた運営という意見も出た。オケというのは、何よりもみんなが気持ちを一つにして演奏するというのが大事だし、仲間が去って行くのが何よりもつらかった」と最年長であった既述の赤星氏はしみじみと述懐した。

コンサートマスターの大川内弘氏は、「我々日本フィルは、少しくらいの間違いを気にせず全身全霊を込めて熱演することを重んじるべきである」と発言したと思う。これはこれで正しい点がある。ただ著者には演奏がオーケストラ解散への悲痛な思いと、存続しようという願いが複雑に交錯し、一つ一つの演奏に鬼気が迫っているように思われ重く暗いと感じたのである。

創立指揮者渡邉暁雄氏の再登壇

さて、日本フィルは、「労働争議を断固としてやっているオーケストラは〝演奏を忘れた闘争集団〟だ」（前掲書『日本フィルの２５００日』8頁）という猛烈なバッシングを「新日本フィル」から受けたのである。

指揮者になってくれる人がなかなかいないので、１９６８年に日本フィルの常任を離れた創立指揮者の渡邉暁雄氏（写真26）が、１９７８年４月10年ぶりに音楽監督・常任指揮者に復帰した。そして第３０１回定期演奏会が行なわれ、マーラーの交響曲第２番『復活』が東京文化会館で演奏された。同氏の端正な顔立ちから生み出される何とも言えない独特の「笑顔」と当時珍しかった同氏の母の祖国であるフィンランドの作曲家シベリウスの音楽に魅せられた。日本フィルの精神的な支柱であった同氏（上述の赤星氏は「あけさん」と懐かしそうに愛称で話している）が指揮する演奏会は、楽員にも「笑顔」が戻り心安らかに楽しむことが出来た。終演後の足取りはきわめて軽かった。

写真 26　渡邉暁雄氏〈音楽監督・常任指揮者〉『日本フィルの 2500 日』より

日本フィル争議のその後

日本フィル争議のその後はどうなったのであろうか。前に述べた赤星氏からいただいた貴重なたくさんの資料によると、「組合つぶし」のためにフジテレビが取ったやり方がものすごかった。ここまでやるのか！と読者の方も思うだろう。日本フィル労働組合の書記局（事務所）兼楽員控え室は、フジテレビのビル内にあった。家主のフジテレビは、電話切断・エアコン・電気・ガスのストップなどの嫌がらせを矢継ぎ早に行った。楽員はそれにもひるまず様々な工夫をして、交替で泊まり込みを始めた。家主は、郵便物や電報の配達も妨害した。

ついに1972年8月16日フジテレビは、楽員のビル内への立ち入り禁止を求める仮処分を東京地方裁判所に起こした。法律の力を借りて日本フィルを叩き出そうというのだ。しかし翌年8月3日、東京地裁は、〝却下〟の決定を出した。日本フィル労組のフジテレビビル内の滞留が、法的に保証されたのである。日本フィルは勝ち抜いた。

だが、それに懲りないフジテレビ側は、同年10月今度は建物明け渡し請求の本訴を起こした。日本フィルが起こした雇用契約関係存在確認請求訴訟（やさしくいえば、不当解雇に対する救済申立）とこれがぶつかり合った。まさに相撲でいえば、がぶり四つのいわゆる法廷闘争である。

一方、楽員たちは「経団連　フジテレビ・文化放送は日本フィルを再建せよ　日本フィル労組」や「フジテレビ・文化放送による解散・解雇撤回　日本フィル労組」と書かれたゼッケンを胸や背に付けて都内を始め全国各地へ演奏旅行に出かけていった。

組合車運行部長の高橋諭氏は「さまざまな集会へ、楽器を持って出かけた。青空の下でも、職場でも、体育館でもどんなに厳しい条件でも演奏した。北海道から沖縄まで、全国をかけまわった」（前掲書『日本フィルの2500日』10頁）と語っている。こうした法廷内外の運動によって「解散・解雇反対、フジ・文化は責任をとれ！」の世論が高まってきた。

日本フィル再建をめざす世紀の大音楽会

1981年6月3日、東京の日本武道館で500人のオーケストラと、1000人の合唱団による「日本フィル再建をめざす世紀の大音楽会」が開催された。オーケストラとコーラスさらに1万2000人以上の入場者（既に述べた赤星氏の記憶によると最終集計で、2000枚余りチケットが売れすぎていることがわかり、返金したという。しかし、日本フィルらしいのは、その方たちを前日のゲネプロ〝総練習〟に招待した）で満員となった観客席とが一体となった館内は感動と歓喜の坩堝《るつぼ》と化した。前例のない空前のスケールのクラシック音楽会は文字通り「世紀の大音楽会」となった。

『人間バンザイ音楽バンザイ―日本フィル再建をめざす6・3大音楽会の記録―』（同大音楽

写真 27　『人間バンザイ音楽バンザイ』表紙

会中央実行委員会、１９８１年。写真27。以下『記録』と略す）を読むと日本フィルが中心となって進めてきた〝市民オーケストラ運動〟が新しい段階に高まったことを実感できる。

　中央実行委員会の構成を列挙したい。代表委員は朝比奈隆氏（指揮者。彼のスケールの大きなブルックナーの演奏は今でも覚えている）以下各界最高の著名人17名。中には名舞台を楽しませていただいた俳優の杉村春子さん、滝沢修さんの名前もある。構成団体は総評以下21団体。産業別実行委員会は民放労連以下7団体・地域実行委員会は新宿区をはじめ13区（都内23区の2分の1以上）と調布市以下8市で構成された。

　５００人のオーケストラと１０００人の合唱団の顔ぶれがものすごい。オーケストラは、日本フィルをはじめ読響・都響・東京フィル・群響・N響・東響・京響など合計18交響楽団からなる。面白いのは、オーケストラの出演申し込みは５００人を超したが、ステージの関係上４５９人しか出演できなかったという記述である。コーラスは、二期会合唱団などプロ合唱団が

3団体、アマチュアが日本フィル協会合唱団などすべてで21団体、1125人が出演した。目標を125人上回ったのである。都立大泉高校や都立小石川高校の合唱団も参加した。合唱指導者は合計で26人にのぼっている。『記録』によると「保母19人・医師・看護婦3人」ということも記されている。まさに万全の体制をしいたということがうかがわれる。

さて、この大音楽会は「日本フィル闘争に最もふさわしく充分に鑑賞にたえうる音楽会である」という目的が、中央実行委員会で確認されているので、音楽面での『記録』を見ておきたい。

指揮：渡邉曉雄／佐藤功太郎。ソプラノ：勝本章子、アルト：西明美、テノール：下野昇、バリトン：芳野靖夫。演奏曲目：シベリウス作曲交響詩『フィンランディア』、マスカーニ作曲歌劇『カバレリア・ルスティカーナ』より間奏曲、チャイコフスキー作曲『アンダンテ・カンタービレ』、佐藤真作曲『大地讃頌』、ベートーヴェン作曲交響曲第9番第4楽章『歓喜の歌』。どこに出しても遜色のない指揮者陣、独唱者陣、そしてプログラムである。

異様な光景、というべき巨大オーケストラと大合唱団である。弦楽器を弾く腕が波のように揺れ、流れている。大地を鳴動させる管楽器群と打楽器群のかたまり。何にも比較する物がない独唱とコーラスの声の響き。

ヴィオラのトップを弾いていたので舞台の最前部にいたたびたび登場する赤星氏は、「音と声がうしろから大きな颪のように渦を巻いて押し寄せてきた」と話してくれた。「音の余韻が語るもの」と題した一文を『記録』に寄せた東京・三鷹市職員組合の田口茂氏は、最後の文章をつぎのように締めくくっている。「日本武道館を出ると、夜はとっぷりと暮れていた。人々は語らいながら家路を急いでいる。与謝野晶子のうたのように、『こよい会う人、みな美しき』であった」。

世界が確実に変わると信じさせたエネルギーの乱舞であった同じ会場でのビートルズのコンサートとは異質であることはもとより自明であるが、画期的なイベントであったことは事実である。

この「大音楽会」の成功は、フジテレビや文化放送に大きなインパクトを与え追いつめていった。一時は東京地方裁判所による「職権和解」が不調に終わり、日本フィル争議に暗雲が立ちこめたこともあった。しかし、「大音楽会」が上首尾に終わったので、いよいよ「和解交渉」が開始されることになったのである。

日本フィル争議の解決と現在

さて日本フィル争議は、前述したような日本フィル楽団員たち（家族会を含む）の懸命な労働組合や市民団体への支援要請活動、出前演奏会の成功などにより、被告であるフジテレビと文化放送を追い込んでいった。そしてついに1984年3月東京地方裁判所において和解（和解内容省略）が成立し、日本フィルは「争議」の重荷からやっと解放されて本来の音楽活動に専念できるようになった。定期演奏会のレベルも徐々に向上してきた。著者が、日本フィル定期会員になったのは、明確な覚えはないが、たぶんこの頃だと思う。

日本フィルは、現在〈炎のコバケン〉こと小林研一郎氏（桂冠名誉指揮者）、〈ラザレフ効果〉といわれる演奏力を一段とアップさせたロシアのアレクサンドル・ラザレフ氏（桂冠指揮者兼芸術顧問）、首席指揮者フィンランドのピエタリ・インキネン氏、正指揮者山田和樹氏、ミュージック・パートナー西本智実さんを指揮者陣に迎え、毎月（2月・8月を除く）金曜日・土曜日の2日間連続の定期演奏会を、世界でも音響効果の特にすぐれたコンサートホールと世評が高いサントリーホールで開催している。そしてその公演は、各指揮者（客演も含めて）の個性的なタクト、楽員の熱演、プログラムの企画力の良さによって聴衆の心を魅了している。

２０１８年10月の定期演奏会では、インキネンさんの指揮で著者が、最も愛してやまない一曲であるブルックナーの交響曲『第9番』の魅力をたっぷり味わった。この夜も六本木のなじみの寿司屋で「楽友」と一献傾けて感動の余韻にひたった。ちなみに『第9番』の最終楽章は、１８９６年10月11日、未完のままブルックナーは世を去った。著者が聴いたのは、10月12日（金）である。たった一日違いであるが、何という企画力であろうか。日本フィルに深謝！。

なお、本稿を書き上げてから大朗報が入ってきた。それは『朝日新聞』２０１９年8月1日付夕刊に「インキネン、来夏のバイロイトで指揮」「『ニーベルングの指環』4部作」の横見出しでつぎのように報じた。
「日本フィルハーモニー交響楽団の首席指揮者ピエタリ・インキネンが、来夏、独バイロイト音楽祭で『ニーベルングの指環《ゆびわ》』4部作を指揮することが決まった。日本フィルが7月25日発表した。

同音楽祭はフルトベングラー、カラヤン、クライバー、ブーレーズ、ティーレマンら数々の名匠が登壇してきたワーグナー演奏の殿堂だ。インキネンはワーグナー演奏をライフワークとし、世界各地の楽団と演奏を重ねてきた（以下略）」。

バイロイト音楽祭といえば「バイロイト祝祭劇場」（作曲家ワグナーが自作の上演を目的として彼自身の案に基づいて設計された。劇場の内装は木で、オーケストラ・ボックスは舞台の下になかば沈む形のため、彼の作品上演にもっとも適した音響を持つとされる）という唯一無二の環境で、楽劇の究極の傑作を上演するドイツの有名な夏の風物詩の一つである。ワーグナーの「舞台祝祭劇」（ワーグナーは単なるオペラとはいわない）だけを約一ヶ月間上演する。世界中からワーグナーの愛好者（ワグネリアン）が集まる「聖地」といわれる。男性は蝶ネクタイに白いシャツ、タキシードという正装で鑑賞する人が多い。厳粛な雰囲気のなか、硬い木の椅子に座り、重厚なワーグナーを聴く。夢のような世界…。著者のようなオンチでも1972年に二期会が、日本初演（会場は東京文化会館）した第1夜の『ワルキューレ』で聴いた「ワルキューレの騎行」

のメロディが今でも思い浮かぶ。新制作を指揮するというインキネンさんの快挙に心から拍手を送りたい。

【付記】著者との会話で丁寧にお話しいただいた元日本フィルのヴィオラ首席奏者の赤星昭生氏が、２０１８年12月30日早朝山手線・原宿駅近くにある「アコスタジオ」のご自宅で逝去された。眠るような昇天であったという。享年91。本稿は、読んでいただいておわかりのように赤星さん（あえてさん付けにさせていただく）のご教示や資料のご提供がなければ薄っぺらなものになっていたと思う。偶然著者の母と同じ四国・松山市のご出身（ご実家は市内でも指折りの病院であったと伺った）なのと日本フィルのご縁で永年親しくお付き合いさせていただいた。

２０１９年1月12日、渋谷区立中央図書館へ調べものをするために行く途中で、渋谷区立原宿外苑中学校脇にある町会掲示板に訃報が貼られていたので、ふと見ると赤星さんの悲報であった。驚いて見ると既に1月8日、９日にご葬儀は終わっていた。すぐに「アコスタジオ」へ弔問に伺った。ホールには大好きな飛行機（少年時代松山海軍航空隊の飛行機をよく見に行ったと嬉しそうに話しておられた）の自作の模型を手にして得意満面の笑顔の遺影と１９８８年の日本フィル松山公演のポスターが飾られていて非常に印象的であった。

同公演には赤星さんは既に退団されていたが、故郷に錦を飾る意味で特別賛助出演されたというエピソードとご葬儀は無宗教の音楽葬であったということを同スタジオのスタッフの方から聞かせていただいた。さぞや赤星さんらしい音楽葬であったと思われる。本書を読んでいただきたかったが、著者の怠慢で上梓が遅れたため残念ながらそれは叶わなかった。「12年におよんだ日本フィル争議をまったく知らない若い団員に読んでもらいたいね」と穏やかな笑顔でいっていただけるのを心から楽しみにしていただけに、著者としては断腸の思いで一杯である。やすらかにお眠りください。

第6章

のちの思いに——わが恩師を語る

本章は、シリーズ2冊目の『ウズベキスタン』で好評を博した「終章　のちの思いに――わが愛弟子・恩師・友」の続編です。これらを書いて改めて思うのは、著者が今日あるのは、前書でも述べた多くの方々を含めていかに多くの「恩師」に恵まれていたかということです。しかし、とても残念なのは、著者の怠惰で本書で取り上げさせていただいた2人の先生方が、鬼籍に入られてしまい拙稿を読んでいただけなかったことです。不徳の致すところで、誠に慚愧《ざんき》に堪えません。本書のタイトルにふさわしくないと思われる読者もおられると思いますが、ご容赦くだされば幸いです。

第1節　ウズベキスタンと日本の友好発展の功労者・加藤九祚先生の思い出

加藤九祚先生のプロフィール

新聞の評伝風に書けばつぎのようになるでしょうか。

〝みんぱく〟と呼ばれて親しまれている国立民族学博物館（大阪府吹田市）名誉教授でシベリア・中央アジア文化史学者の加藤《かとう》九祚《きゅうぞう》さんが、日本時間の２０１６年９月12日未明、遺跡調査先のウズベキスタン南部、スルハンダリヤ州・テルメズ市の病院で死去した。94歳だった。

１９２２年５月、現在の韓国慶尚北道生まれ。山口県に育つ。鉄工所工員、小学校代用教員を経て上智大学予科を仮卒業。１９４４年陸軍工兵第２連隊（仙台）に入隊、次いで兵科見習士官として関東軍混成第１０１連隊に所属。陸軍工兵少尉として旧満州（中国東北部）で敗戦を迎え、５年間の「三重苦」といわれたシベリア抑留を経験して50年帰国した。その際に身につけたロシア語を生かし、冗談めかして「シベリア捕虜大学国費留学生」出身と称し、長く平凡社で働きながら研究を続けた。75年から86年まで新設された国立民族学博物館に教授として迎えられ目覚ましい活躍をした。そのころすでに50歳を過ぎていた。現在の同博物館の「中央アジアコーナー」の標本資料は、加藤九祚さん自身が現地で収集し、持ち帰ったものが中心になっているという。

ソ連邦の一部だったシベリア・中央アジアの民俗学、歴史学などを著書『シベリアの歴史』他約20冊とロシア語文献の訳書約20冊などによって紹介に努めた。83年大阪大学から学術博士号を授与された。しかし、それにあきたらず自ら65歳にして考古学に取り組み、89年からシルクロード上にあるウズベキスタン南部で仏教遺跡の発掘調査を始めた。加藤さんは「人生に遅すぎるということなんて何もない」と平然としていた。その根底には、シベリア抑留で死線をさまよった言語に絶する体験があったのであろう。

後には奈良・薬師寺に「テルメズ（中央アジア）仏跡発掘調査後援会」（会長井上ふみさん）事務局を置くが、一般から集めた寄付と自費を投じて調査を続けた。2002年にはその成果を紹介する「ウズベキスタン考古学新発見展」が東京・奈良・福岡の3会場で開かれた。

立正大学によると、亡くなった加藤さんは、ウズベキスタンで2014年から同大学の学術調査隊顧問として発掘に携わっていたが、当年も現地で遺跡を視察するなどしていたが、9月7日から体調不良を訴え入院、不帰の人となった。「100歳まで発掘する」と周囲に宣言していた年齢には達してなかったが、生涯現役を貫き通した。

『天の蛇　ニコライ・ネフスキーの生涯』で1976年に大佛次郎賞、長年の幅広い研究で99年に南方熊楠《みなかたくまぐす》賞を受賞した。一方、2002年にはウズベキスタン政府より日本との友好交流への尽力が評価されて「ドストリク」（友好）勲章、テルメズ市から「名誉市民」賞を授与された。またウズベキスタンの教科書には、加藤九祚さんの業績が紹介されているという（未見）。そのためにウズベキスタンでは、「キューゾー・カトー」の名前を知らない人はいないという。

酒が大好きでかつめっぽう強かった。気持ちよく酔うと十八番《おはこ》の「カラテパ発掘の歌」（作詞加藤九祚、作曲大滝宣隆）を声高らかに朗々と披露した。その飾らない大らかな人柄に多くの人が共鳴し、その「夢」を支援し続けた。

加藤九祚先生を初めて知ったきっかけ

私が加藤先生を初めて知ったのは、1987年10月から12月にかけてNHK教育テレビで放送された『NHK市民大学』という全12回の番組です。テーマは「北・中央アジアの歴史と文化」であり講師は、相愛大学教授・加藤九祚とあった。講師プロフィールの写真は、口ひげを蓄えてはいるが、若々しく笑みを浮かべた温顔でした。1986年に国立民族学博物館教授を定年退職されたばかりのころの写真であったのでしょう。

同番組が放送されたころ私は、高校の日本史教員をしながら日本古代史の勉強、特に天智朝に渡来し近江国蒲生郡に移り住んだ百済亡命貴族の鬼《き》室《しつ》集《しゅう》斯《し》一族に関する研究をしていました。そんな中で何故加藤先生の番組のテキストを購入して放送を見たのかというはっきりとした理由は、今となっては覚えていません。しかし、日本古代史学という狭い分野に限定して勉強していたのではいけない。もっと視野をユーラシア全体に広げて勉強しなければならないという意思は明確にあったと思います。

ジョークですが、まさか第7回放送の「砂漠の国際都市～ソグド人とその文化～」で私の祖先かもしれないソグド人（胡人）とめぐり合うとは夢にも思ってもいませんでした（シリーズ1冊目『〈青の都〉』の「コラム5　筆者はソクド人の末裔？」参照）。ちなみにソグド人のシルクロードにおける活躍というのは、当時の高校日本史の教科書にはなかったと思います。ところが、私の親友である佐野允彦氏（シリーズ第2冊目『ウズベキスタン』の終章「のちの思いに」の「〝生涯の友〟佐野允彦氏」参照）は、近年の大学入試センター試験の「日本史」の問題に「ソグド人」が出題されたと教えてくれた。さすが「歴史ジャーナリスト」を肩書にする真骨頂を発揮してくれた。

ご多忙の先生が「NHK市民大学」の講座を担当していただいたことは、私にとっても非常にありがたく重要な意味を持つことでした。よもや定年後の「第2の人生」をソグド人が多く住んでいたシルクロードの古都〈青の都〉サマルカンドで、ブドウ棚のある庭付き一戸建ての自宅を持って、断続的ですが10数年間も暮らすことができるようになるとは夢想だにしなかったことですから。

さて、講座の内容です。テキスト巻頭の「ユーラシアは一つ」の文章を長いがそのまま引用したい。

かつて岡倉天心は『アジアは一つである』といったが、この講座のかくされたねらいは、いわば『ユーラシアは一つ』との理念である。もう一つのねらいは、できるだけ『形あるもの』から、それをつくり出した主体に迫ろうとする試みである。

もっとも、このような姿勢は、テレビの画像を利用するという今回の企画の性格によって規定されたことも事実である。実際、こんどのような機会は、「ユーラシア学」の分野ではきわめてまれであり、できるだけ有効に「画像性」を利用することは当然であると思う。私の説明が不十分であっても、画像そのものが語るであろう。

ＮＨＫは過去数年にわたって、いわゆるシルクロード番組を制作することによって、世界の放送文化に大きく貢献した。（中略）しかし一般的にいえばブルドーザーのような「シルクロード番組」の通りすぎたあとにも、なお多くの魅力にあふれた自由な「緑の牧場」が無数に残っている。私は今回、その一端を紹介したいと思う。

終わりに、これまで私を教え、支えてくださった多くの先輩・友人・知人たちに、テレビの画像を通じてご挨拶できることを、この上ない光栄と思うものである。

加藤　九祚

第1回の10月5日午後10時15分～同11時の放送のテーマは、「ユーラシアのマンモス・ハンター」でした。以下繁をいとわずサブタイトルも書きたいが紙幅を考えてメインテーマだけを記録しておきたいと思います。いかに講座の内容が充実していたかを少しでも知っていただくよすがになると思うからです。「2　女性像と彩文土器」、「3　岩面画のかたるもの」、「4　ユーラシアの動物意匠」、「5　地中の古代文化」、「6　ヘレニズムからクシャンへ」、「7　砂漠の国際都市」、「8　細密画の語るくらし」、「9　オアシスの建築群」、「10　北からのメッセージ」、「11　モンゴル高原の遺産」。最終回の12月21日の放送は、「12　草原とオアシスの贈りもの」でした。

これを書く時、図版や地図が本当に豊富なテキストを読み返したが、至る所に、マーカーで線を引いたり、ボールペンの書き込みがあったりでわれながらよく勉強したものだと妙に関心した。残念ながら録画しておかなかったことが悔やまれてならない。巻頭文にもありましたが、「ユーラシアは一つ」であることを実感できた良い「市民大学」であったと思います。テキストは、全文160頁ですが読みごたえがあり、今読んでも内容は古びていません。私の「宝物」の一冊です。

加藤九祚先生と私の初めての出会い――有楽町で会いました――

私が最初に加藤先生に直接お眼にかかったのは、２００２年秋に東京・有楽町にある朝日ホールの一室で開かれていた前述の「ウズベキスタン考古学新発見展」の会場でした。当時私は定年後の「第２の人生」として創設されたばかりの国士舘大学21世紀アジア学部の１年生として勉強していました。そして諸般の事情から同大学の推薦によってウズベキスタンのサマルカンド国立外国語大学日本語コース（のちに学科に昇格）の客員教授として招聘され、２００３年４月から赴任することになっていました（詳しくは、『ウズベキスタン』の「序章　なぜサマルカンド国立大外国語学大学へ赴任したのか？」参照）。たまたま『朝日新聞』の記事で同展開催を知り、もともと日本古代史を勉強していたころから考古学にはとても興味を持っていましたので、見学かたがた赴任先を記した名刺を作成して先生にご挨拶に伺ったのです。前述の「NHK市民大学」の講座で勉強してから約15年間という歳月が流れていました。

小さな会場には、入場者が意外に少なかったことを妙に記憶しています。偶然だったのかもしれません。口ひげを生やした風貌から先生のことはすぐにわかりました。手持ちぶさたの先生は、壁際の椅子にぽつねんと座っておられた。名刺を差し出し自己紹介をして「ウズベキスタンのことはまったくわかりませんのでよろしくご指導ください」と丁重にご挨拶しました。緊張していて先生が何をおっしゃられたかは全然記憶がありません。「しっかりやりなさい」くらいのことはいわれたのだと思います。

またシルクロードの美術品などは、各種の美術全集やシルクロード展などでいろいろ見ていたから同展の展示品が、とても「地味」であったことも明瞭に覚えています。同展の薄い図録は購入しましたが、自宅改築に伴う2度の引っ越しでわずかな図書や図録などはあらかた整理してしまったので、残念ながら現在手元にはありません。今から考えると、先生との最初の接点である貴重な「記念品」でしたから返す返すも残念なことをしたと思います。ただ唯一救いがあります。それは加藤九祚一人雑誌『アイハヌム2002』（東海大学出版会、2002年）をその時購入し、先生から「胡口靖夫様　二〇〇二年九月二一日　加藤九祚」というサインをいただき現在も大切に所持していることです。

加藤九祚先生との再会——サマルカンドで会いました——

加藤先生が発掘していたテルメズには残念ながら行ったことはありません。先生が来られる春と秋はサ外大での仕事が多忙でとても行けなかったからです。またウズベキスタンの春と秋は気候が比較的温暖だとはいえ、南部の砂漠地帯にあるテルメズは、サマルカンドの人々でさえも夏は厳しい暑さだという。ソ連邦ではもっとも暑い都市といわれ、最高気温50℃を記録している。湿度が低いとはいえ想像を絶する暑さです。

そのために体力を消耗された加藤先生は、テルメズから遠路はるばる涼しいサマルカンドへ時々避暑に来られて体力と英気を回復しているのだそうです。初めて再会したのは、赴任した2003年秋だったと思います。当時サ外大の日本語コース長格であり、ロシア語に堪能であった山本雅宜先生が、市内の朝鮮族（会話はロシア語）の家族が経営する「コリアンレストラン」での昼食に連れて行ってくれたのです。そこに静養中の加藤先生が来られるという。

白いご飯・朝鮮風スープ・キムチ・朝鮮風料理2、3品を先生は実に美味しそうに召し上がっておられました。幼少期を朝鮮半島で過ごされたので懐かしの味であったのでしょう。話題は多岐にわたり何を話したのかは記憶に定かでないが、加藤先生は、私がとにかく半年間は無事（?）に仕事をしていたようなので安心されたのでしょう。いつもの温顔でニコニコされていた印象だけは強く残っています。その後2～3回同じレストランで料理に舌鼓を打っておられたところに同席させていただいた。山本先生のご配慮には心から感謝したい。

新聞の訃報記事などにはなかった大きな業績（その1）

それは、ウズベク人の考古学者・ルトヴェラーゼ氏と加藤先生が共同編集された『南ウズベキスタンの遺産―中央アジア・シルクロード―』（創価大学出版会とハムザ記念芸術学研究所発行、1991年）の上梓です。ロシア語・日本語・英語の3カ国語で書かれた330頁余の大冊です。カラー写真、白黒写真の図版346点を使用した大型本（縦30センチメートル、横23センチメートル、厚さ3センチメートル）で、2重の厚紙の箱入りという豪華な体裁です。私はサマルカンドの古書店で購入しました。創価大学創立20周年記念出版で非売品であったためか定価は印刷されていませんでしたが、かなり高価で米ドルで支払ったと記憶しています。日本への帰国に際してとても重いが、スーツケースの底に入れて大事に持ち帰った貴重な本です。ちなみにウズベキスタンでは、郵便物の厳重なチェックがあり、日本語の書籍はなぜか郵送できません。どうしても郵送を希望する場合は、ロシア語かウズベク語の翻訳を添付して許可をえなければならないという。まことにミステリアスな国柄です。

本書刊行の意義について「あとがき」で加藤先生は次のように記されています。長文ですが書き留めておきたい。「本書にもられた遺物は、過去数十年間、ハムザ記念芸術学研究所の研究員たちによって熱砂の南ウズベキスタンの地から掘り出された汗の結晶であり、研究所付属の博物館に展示されていたものである。しかし、これまで個々に論文の中で部分的に発表されただけで、一冊の図録として総括されたことはなかった。今回初めて発表される遺物も少なくない。研究のための資料としての図録が不可欠であることは言うまでもない。本書によって、世界のシルクロード研究者は南ウズベキスタンの古代遺物を研究資料として利用できることになるであろう」（同書333頁）。この図録は幾度ページを開いたかわからないほどお世話になりました。

新聞の訃報記事などにはなかった大きな業績（その２）

それは2001年11月から毎年1冊東海大学出版会から発行された先述の加藤九祚一人雑誌『アイハヌム』です。「アイハヌム」は、〝月の女神〟という意味だそうです。同年発行された『アイハヌム2001』から始まって最終刊の『アイハヌム2012』（2012年）まで総計12冊出版されました。A5版で総計約2800頁におよぶロシア語文献からの大翻訳著作群です。日本では殆ど入手不可能と思われるシベリア・中央アジアの歴史と文化と考古学を紹介する論文を加藤先生が一人で編集・翻訳した貴重な作品群です。けれども詳しい紹介は、浅学非才な私には手に余るので省略したい。興味を持たれた方はぜひ原本を手にしていただきたいと思います。

なお、『アイハヌム』の刊行により、先生は2009年11月「パピルス賞」（第7回関記念財団）を受賞されました。

加藤九祚先生の学問について――マスコミの矮小化

加藤先生の訃報記事や評伝をマスコミ各社はこぞって掲載しました。地方紙のすべてを読むことは不可能ですが、主要な全国紙は、地元の渋谷区立中央図書館で閲覧しコピーしました。それらに共通するのは、先生を〝中央アジア考古学者〟と評したことです。

これはマスコミの矮小化だと私は考えています。その理由を詳しく書く紙幅はありませんが、私はマスコミが、加藤先生が65歳から始められた「発掘」に幻惑されて先生のスケールの大きい学問の本質を見失ってしまい矮小化した見方によって〝中央アジア考古学者〟という狭い範疇に押し込めて得心してしまったと思わざるをえません。

私は〝偉大なシベリア・中央アジア文化史研究者〟と規定することが、先生を評価するのにもっともふさわしいと考えます。ちなみに先生ご自身も前述の『アイハヌム』の翻訳者略歴に「専攻はシベリア・中央アジア文化史」と記しておられます。改めて前述の「NHK市民大学」で先生が示された「ユーラシアは一つ」との理念を持つ「ユーラシア学」の提唱を想起すべきではないでしょうか。

〈資料６〉　ウズベク人考古学者Ｌ・アリバウム氏について

加藤九祚先生

Ｌ・アリバウム著　加藤九祚訳『古代サマルカンドの壁画』（文化出版局、１９８０年）の「訳者あとがき」（１４２〜１４４頁）から重要と思われる部分を抄録したい。

「本書の著者アリバウム（写真28）は１９２１年３月９日、ウズベク共和国（当時）のカッタクルガン市に生まれた。１９４６年タシケントの国立中央アジア大学を卒業後、ウズベク科学アカデミー考古学研究所に勤務、発掘および研究に従事して今日に至っている。

１９５８年、報告書『パラルィク・テペ』によって博士候補となった。「パラルィク・テペ」はスルハンダリア州アンゴル村付近にある小さな城趾で、その一室から中央アジア絵画史上、重要な意義を持つ壁画が発見された。これはアリバウムによって５世紀末から６世紀初頭に描かれたとされるが、著名な美術史家ブッサリは、この壁画がアフガニスタンのバーミヤンの壁画に影響を及ぼしたと考えている。アリバウムがこの「パラルィク・テペ」を発掘し、研究した業績は大きい。

アリバウムはその他多くの考古学的調査に参加している。１９４１年にはサマルカンドのグリ・アミール廟におけるチムールの遺骸の発掘、１９４６〜47年にはブハラの支配者

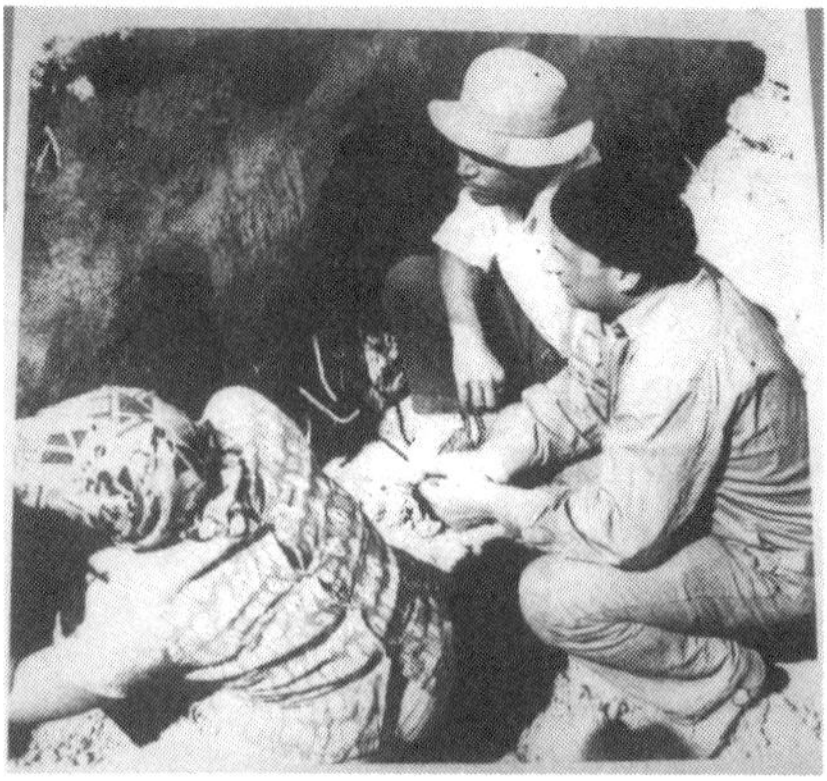

写真28　アフラシアブ遺跡発掘中のL・アリバウム氏〈中央〉。アフラシアブ博物館蔵。

の宮殿ワラフシャ（6～8世紀）、1968～69年には本書のテーマになっているサマルカンド王の宮殿の発掘調査に参加した。（中略）

　1977年には、中央アジアの仏教寺院址の中でも遺物の豊富な点で屈指というべき「ファヤズ・テペ」（テルメズ付近、紀元1～3世紀）の発掘を完了した。現在その報告書の刊行が期待されている。かつて私がタシケントの歴史博物館でクワの仏教寺院址（フェルガナ盆地、7世紀）を発掘したブラトワさんといっしょにお会いしたとき、ブラトワさんはアリバウムに向かってこう言われた。『あなたは考古学者として幸運にめぐまれた人ですね。あなたが手をつける遺跡のほとんどが実に内容豊かです。またほとんどが世界的に有名なものばかり。今度の「ファヤズ・テペ」にしても、彫刻、絵画、貨幣、古代文字の銘文など、必要な要素のすべてがそろっています』。

　ブラトワさんはもはや60歳を過ぎて引退しておられたが、羨望といった意味ではなしに、たんたんとした表情でそう語られた。私もそう思う。

私がアリバウムに最初に会ったのは、１９６５年タシケントのウズベク科学アカデミーにおいてであった。私はその時、作家の井上靖先生のお供をして中央アジアを旅行中であった。アリバウムは私に、サマルカンドのアフラシャブ遺跡で素晴らしい壁画が発見されたこと、希望すれば発掘現場を見学することができるかもしれないことなどを教えてくれた。私は井上先生にこのことをお伝えすると、ぜひその現場が見たいとのことであった。数日後サマルカンドに着いてから、先生のご希望はかなえられた。

そこここに雨後のぬかるみのあるアフラシャブ丘を井上先生をはじめとする一行とともに発掘現場を探しまわったあげく、あきらめる直前になってやっと、テントを見つけたときの喜びといったらなかった。現場では壁画がぬれないように上にテントを張り、画家たちが画面の上にトレーシングペーパーをおき、それを透写しているところであった（当日は休日であった）。（中略）私はそのとき、15年後、この壁画の研究書を日本語に翻訳紹介できる機会にめぐまれるとは、予想だにしなかった。（以下略）」。

第2節　上田正昭先生の学問の偉大さを改めて思う

上田正昭京都大学名誉教授への初めてのお便りは、著者の処女論文である「美努王《みぬおう》をめぐる二・三の考察」（『国史学』92号、1974年）の抜刷を不躾にもお送りしご叱正を乞うものでした。ご多忙の碩学である先生からよもや無名の著者にご返事をいただけるものとはまったく考えていませんでした。

しばらくして先生から思いがけず細かく丁寧な文字で、葉書一面にびっしりと認められた返信をいただきました。泉下の客となられた（2016年3月13日逝去。享年88）先生に葉書からの引用のご許可をいただいていないので大意のみ左記します。

「拝復　抜刷ありがとうございました。丁度私も美努王については関心を持っていた所ですので、とても興味深く読ませていただきました。ご論考の論証はおおむね妥当だと思います。ただ少し疑問に思ったことがあります（以下略）」とあり、史料を具体的に提示されて詳しくご批正いただきました。著書『藤原不比等』（朝日新聞社、1976年）を執筆中のために何か琴線に触れる所があったのではと拝察しました。初学者の拙論に対してこんなにも親切にご教導いただけたことに感激し、40年以上昔のことをつい昨日のことのように思い出します。

先生の学問についてご自身は次のように述べておられます。「戦後の民主化のなかで、歴史研究の主流は社会経済史を中心とするマルクス主義の方向へと大きく移行したが、私自身は社会経済史の分野の研究の重要性は認めながらも、政治と文学、政治と宗教、政治と芸能など、神話をはじめとする文化史の研究を中心に、私自身の研究を深めていった。そして1960年代の頃から、アジア、とりわけ東アジアに連動する日本の歴史と文化の究明に重点を置いた考究に主力を注ぐようになる」（『シリーズ「自伝」　アジアの中の日本再発見』ミネルヴァ書房、2011年。14～15頁。以下『自伝』と略す）と記しています。

詳しくは主著①『日本神話』（岩波新書、1970年。〈毎日出版文化賞受賞〉）、②『古代伝承史の研究』（塙書房、1991年。〈江馬賞受賞〉）、③『上田正昭著作集』（全8巻、角川書店、1998年～1999年）を参照してください。なお、遺著となった『古代史研究七十年の背景』（藤原書店、2016年）によると、単著は本書を含めて82冊になるという。また共著・編著も数多く出版されておられます。着想を得たらすぐに文章にする。思考と書くことが直接に結びついていたのだと思います。

改めて私個人の思い出としては、第1に先生が世に問われた『帰化人』（中公新書、1965年）から多大な影響を受けたことです。先生は、古代における「帰化」と「渡来」の原義を明らかにし、渡来の波を史実に照射して提起されたおり、いわゆる通念としての「『帰化人』問題を再検討」（まえがき）されねばならないと強調されました。そして後に「帰化人」よりも

「渡来人」とよぶ方が適切であると主張されたのです。現在学会やマスメディアはもとより中学・高校の大多数の歴史教科書から「帰化人」が消えて「渡来人」が市民権を得ています。教科書という次代の人々を育てるツールの中に先生の学問の成果が永遠に生き続けることを願っています。

第2は、2001年の「宮中歌会始の儀」（お題は「草」）の召人《めしうど》に選ばれて

山川も草木も人も共生の命《いのち》かがやけ新しき世に

を詠進されたことです。上記のシリーズ『自伝』の「あとがき」に「〝新しき世に〟とよんだのは、21世紀最初の歌会であったからであり、日本の伝統的な『共生』の思想には、〝とも生き〟にあわせて〝とも生《う》み〟が含まれていることを前提としての〝共生〟の歌であった」（250頁）と記しておられます。含蓄の深い歌だと感じ入りました。最近ある新聞で91歳になる青森の歌人・中村雅之《まさゆき》さんが、「80歳の時、『宮中歌会始』に応募しました。『現代の秘境を見てみたかった』と挑戦し、見事入選した」という記事を読みました。「現代の秘境」といわれる「歌会始」の「召人」に選ばれることがどれほど晴れがましいことか理解しました。ちなみに先生には、歌集に『共生』（大和書房、2001年）、『鎮魂』（同、2006年）、『史脈』（同、2013年）があります。なお、先生は書をたしなまれ次に述べる展覧会に展示されていた墨

跡は「芳洲魂」であったと記憶にあります。多才な先生の一端をご紹介させていただきました。

第3は、『高麗美術館』112号（2019・1・1新春号）に掲載された拙文を転載し、厳しい字数制限で書き足りなかったことを補足したいと思います。ちなみに先生は、1998年4月に京都市北部にある朝鮮半島の文化と美術を紹介する「キラリと光る」同美術館の第二代館長に就任され、同館の発展に大いに貢献されました。

「『上田正昭と高麗美術館』展が、開催されたのは2017年初夏でした。私事で恐縮しますが、恩師上田先生には、拙著『近江朝と渡来人』（雄山閣、1996年）をもって、博士（学術）を総合研究大学院大学（日文研）からいただく際、光栄にも自ら推薦状を書いていただくなど大変お世話になりましたので、大いに期待して東京から見学に参りました。未知のことが多く予期以上でした。

展示品には、先生が亡くなられる前夜まで万年筆で執筆されていた絶筆原稿やご所蔵の考古遺物・1974年に北京で入手された広開土王碑拓本・墨跡などが多数ありましたが、私がもっとも興味を抱いたのは、京都大学での講義ノートでした。展示された見開き2頁は、『日本資本主義論争』に関する個所でした。ご専門の古代史だけでなく近現代史まで講義されている識見や力量に驚倒しました」。

この「論争」は、日本の革命の性格にかかわる日本共産党系の講座派の学者とそれ以外の労農派の学者の激しい論戦攻防です。両派の論客は主な人だけでも10余人です。両派の単行本や論文などは相当な数です。

上田先生の「講義ノート」には、講座派─野呂栄太郎、平野義太郎、山田盛太郎など、労農派─猪俣津南雄、向坂逸郎、大内兵衛などの学者や主な論点が詳細にメモされていたと記憶しています。先生のお人柄からすれば当然ですが、実に用意周到な「ノート」でした。

私も法政大学経済学部の1、2年生の頃、同「論争」に興味を持ち講座派山田盛太郎著『日本資本主義分析』(以下、『分析』と略す)を読みましたが、文章が難しい─たとえば「半封建的土地所有制＝半農奴制的零細農耕は軍事的半農奴制的日本資本主義の基本規定」云々─ことに困惑しました。替わりに小山弘健他著『日本資本主義論争史　上・下』(青木文庫、1953年)を読んでわかったつもりになった覚えがあります。

上田先生は、「論争」の両当事者の難解な文章をものともせず読み進んで準備されて講義をされたのでしょう。凡人との相違を実感させせられました。『古事記』『日本書紀』から上述の難解な山田氏の『分析』まで読解できる博学と実力に圧倒されたのです。

また先生は「同和問題」や「在日問題」などに積極的に発言・行動して啓発につとめ「世界人権問題研究センター」の創設に携わり、のちに理事長に就任してセンターの充実に注力されました。

第4は、シリーズ『自伝』で初めてわかったことですが、「私の海外渡航の最初は1970年7月のモスクワで開催された国際歴史学会への参加であった。京都大学の小葉田淳・柴田實両教授と共にパキスタン・タシケント・ブハラを経て、モスクワへおもむいた」（１６３頁）とあります。ウズベキスタンの「タシケント」や「ブハラ」には、給油その他の理由で離着陸しただけだと思いますが、もし昼間なら機上から「サマルカンド」などを運良く眺められたのではないかと想像すると、不思議な縁を感じました。米ソ超大国による東西冷戦下のために軍事機密保護上シベリア上空を飛行できなかったので、「南回りルート」をとられたことが幸いしたのでしょう。余談ですが、不思議な縁といえば同じくシリーズ『自伝』を読んでいて気づいたことが他にも2点あります。

①先生は、１９４４年4月国学院大学専門部に入学し、１９４７年3月卒業された。私の国学院大学の大先輩であったこと。

②先生は、１９４９年4月から京都府立園部高校を振り出しに、１９６３年10月まで同府立鴨沂《おうき》高校の教諭をされていた。私とは「格」が断然違いますが、高校教員と日本古代史研究の「2足のわらじをはく」大先学であったこと。

この2点の合縁奇縁が、私の博士論文の審査請求先を求める「流浪の旅」に終止符を打つためにご尽力いただいた原動力になったのではないかと今にして回想します。

なお、本書校正中に澤地久枝著『わが人生の案内人』（文春新書、２００２年）を再読して次の文章に接した。「よき先達とは、叱ったり否認したりして教えこむのではなく、まず受け入れ、小さくともよいところをみつけ、自信をあたえてくれる人と思う」（１２４頁）。本稿の冒頭で引用させていただいた上田正昭先生から頂戴した第一信のお葉書がまさにこのとおりであった。これによって与えられた〝小さな自信〟をエネルギーにして高校教員と日本古代史研究者の「2足のわらじをはく」ことができた。そしてシルクロードの〈青の都〉サマルカンドで暮らした「第2の人生」の果実であるウズベキスタンシリーズ〈全3部〉作の完成にこぎつけることができました。上田正昭先生こそ、わが最良の「よき大先達」でした。

本章で書いた2人の恩師への惜別のことば

加藤九祚先生、上田正昭先生長い間ご教導本当にありがとうございました。心からご冥福をお祈りいたします。

あとがき

恩師法政大学名誉教授・日高普先生の遺著となった中村稔編『精神の風通しのために―日高普著作集―』（青土社、２０１１年）に収められた「大西巨人『神聖喜劇』のおもしろさ」を最近読んだ。そして文末の次のような一節に出会った。実に先生らしい名文であると思うので、引かせていただきたい。

「美的なものの頂点としまして、一番最後の『奥書き』があります。これはちょっとあっけにとられました。二五年間かかった小説を書き終えたのですから、どのような苦労があった、これを書くときにどういう思いをしたなど、大西氏としては云いたいことが山ほどあったに違いないわけです。それをスパッと黙って、泉鏡花を引いて、『遅きが手ぎはにあらず、其の事の思い出のみ』と結んだ。ぼくも一生に一度でいいから、こういうしゃれた文章を書いてみたい。実に見事なストイシズムの美がある」（２６８頁～２６９頁）。

思い起せば、１冊目の原稿をサマルカンドの小ぶりなホテルで２００３年春に起筆してから本書の原稿を擱筆するまで16年間も要してしまった。

言い訳はいくらでもできる。要は浅知短才なのである。このような文章に接すると何を書いても蛇足以外のなにものでもないことは、「百も承知、二百も合点」である事は重々理解している。けれども凡人である著者は、4点だけ書いておきたいと思う。

第1は、処女作である『〈青の都〉』以来のウズベキスタンシリーズ〈全3部〉作にもし多少でも価値があるとすれば、それは妻バルノとウズベク人の義父母や親族のアドバイスや最新の現地情報の提供とさまざまな協力によるものである。それらはジャーナリストを「自称」する一部の日本のマスメディアの人々の著作などに見られる主観的で皮相な主張や記述に疑問を投げかけたものである。事実の裏付けを欠いたフェイク記述にはあきれてものも言えません。

第2は、あくまでも事情が許せばの話であるが、妻と共著（文：バルノ、写真：著者）で『ウズベキスタンの家庭料理』（仮題）という本を出版したいと思っている。

第3は、2冊目の本を出した時のことである。『アマゾン』のブックレビューでいわゆる「ネトウヨ」から匿名によって「著者は、40年来の日本共産党員だから本書は読むに値しなかった」と星1つで書かれたことがある。大きなショックを受けました。たしかに著者は、中学生時代から党員作家・小林多喜二などのプロレタリア文学作品のファンである。

けれども私は、「他から律せられることの大嫌いな性格」なので、同党に入党したことはありません。ありのままに言えば、無政府主義者（アナーキスト）である。今では死語でしょうが、『広辞苑』によれば無政府主義とは「一切の権力や強制を否定して、個人の自由を拘束することの絶対にない社会を実現しようとする主義。プルードン・バクーニン・クロポトキンはその代表者」とある（クロポトキンについては本書124頁参照）。それ以来ネット言論にはまったく興味を失った。情報の入手は、読書と新聞4紙の読みくらべで十分である。批判精神を喪失し思考停止したテレビも台風情報以外はほとんど見ない。スマホはもちろんガラケーすら持っていません。石器時代人を自認している。それで不自由したことはありません。

しかし、それは「ネトウヨ」に屈したからでは決してない。匿名というきわめて卑怯《ひきょう》かつ生産性のないネット言論からのドロップアウトである。現在の日本にはまだ憲法で「集会や表現の自由」が保障されている。国民はまだ実名による新聞や雑誌などへの投稿などという手段が残されている。「自由平等」「反戦平和」の旗を掲げて、投稿活動や韓国人・香港人・フランス人・米国人などのように集会・デモに生涯を通じて参加したいと考えている。

私よりも人生の大先達で今年89歳になられたノンフィクション作家・澤地久枝さんは、2019年6月14日付の『毎日新聞』で次のようにインタビューに答えられた。「2015年11月以降、毎月3日の午後1時から国会正門前の歩道で俳人金子兜太さん（2018年に98歳で逝去）が揮毫した『アベ政治を許さない』のポスターを掲げ、無言の意思表示を続けている。この行動は『動けなくなっても、はってでも来ようと思います』」。これに私は大いに鼓舞された。遅きに失した感はいなめないが、このサイレントデモに参加しようと心に決めた。

もちろん沖縄・辺野古新基地建設阻止のための「座り込み行動」には身体が許すかぎり参加するつもりである。

第4は『追憶』のことである。『〈青の都〉』執筆後、老朽化した自宅の改築に迫られ2度引っ越しを余儀なくされた。その際『追憶』を紛失してしまったのである。折角苦労して入手(『〈青の都〉』29頁参照)し、メモを書き込んだ〝虎の子〟を亡失してしまったので茫然自失した。ところが「天は自ら助くる者を助く」の格言どおり救いの神が現れたのである。市民団体「シルクロード雑学大学」代表の長澤法隆氏から偶然2015年11月20日付の手紙に「『追憶』が私の手元に2冊ありますから1冊差し上げます」とあり、同書が同封されていた。早速傍線を引き、緑や黄のマーカーをし、メモを書き込んで厳密に読みこんだ。

ちなみに同書はB5版で99頁の冊子であるが、出版費用を節約するためであろうか、2段組でしかも活字が小さくとても読みにくいという欠点があった。本書を校正するとき念入りに再照合したが、加齢による眼疾に悩まされている著者はとても難儀した。それはともかくとしてもし長澤氏からの『追憶』の恵与がなければ本書の上梓は不首尾に終わったであろう。彼のご好意には、心から感謝したい。

また本書の執筆にあたって、眼を痛めてことにブルーライトの液晶画面を忌避している著者にかわってすべての手書き原稿をパソコンに入力し、たび重なる永い期間にわたった加筆訂正も処理してくれた実弟の胡口昭と、原稿を読んでいただききめ細かな助言を惜しまれなかった『アベ政治を許さない』の〝心友〟である宮本芳夫氏、さらに長期間辛抱強く原稿を待っていただいた同時代社代表の川上隆氏に心からの謝意を表したいと思う。最後に16年間にわたった〈全3部〉作の完成は、妻バルノの全面的な協力なしにはありえなかったことを記させていただきたいと思う。スパシーボ、バルノジョン!!

2019年11月3日　74回目の日本国憲法の公布記念日に　胡口靖夫

【付記】本書での参考文献は、文中の必要個所に書名はもちろん頁数まで克明に注記したので、紙幅の都合で巻末に総記することは省略した。

【著者略歴】

胡口靖夫（こぐち・やすお）

ウズベキスタン・サマルカンド国立外国語大学名誉教授。博士（学術）。1941年、東京本郷真砂町に生まれる。1969年、法政大学大学院経済学専攻修士課程でマルクス経済学（宇野理論）を学び修了。1971年、国学院大学文学部史学科に学士入学。1973年同大学で日本古代史学を学び卒業。1999年、総合研究大学院大学（日文研）より博士（学術）取得。2002年、国士舘大学21世紀アジア学部に社会人入試で入学。2003年、同大学の推薦によりサマルカンド国立外国語大学から客員教授として招聘されたため中途退学し赴任。2006年、同大学教授。2014年、同大学離任。

専攻：日本古代史・ウズベク学・シルクロード民俗学。

著書：『近江朝と渡来人　百済鬼室氏を中心として』（雄山閣、1996年）、『シルクロードの〈青の都〉に暮らす』（同時代社、2009年、日本図書館協会選定図書）、『ウズベキスタンと現代の日本』（同時代社、2016年）。

ウズベキスタン「ナボイ劇場」建設の真実
――続・シルクロードの〈青の都〉に暮らす

2019年12月25日　初版第1刷発行

著　者　胡口靖夫
発行者　川上隆
発行所　株式会社同時代社
〒101-0065　東京都千代田区西神田2-7-6
電話　03(3261)3149　FAX　03(3261)3237
組　版　有限会社閏月社
印　刷　中央精版印刷株式会社

ISBN978-4-88683-867-4